颂 雅 风

中国文化精神之本源

徐迅 著

北京联合出版公司

序

何谓中国文化精神？所可标举者甚多，如气韵、意境、意蕴、性灵、情致，其中有天命，有鬼神，有天人合一，有忧患，有享乐。所谓文化精神者，实难尽说，其在有无之间。人莫不饮食也，故其有；鲜能知味也，故其若无。如必欲可说，则在汉字之间。

自汉字始，始有中国历史。有此历史，便有一精神在，其存于一切汉字典籍之中，如《诗》《书》《礼》《易》《春秋》，如先秦诸子，如《左传》《史记》《汉书》《资治通鉴》等历史典籍，如楚辞、汉赋、唐诗、宋词、元曲等文学，如历代笔记，如见诸金石等文字。约略言之，中国文化精神与中国文字典籍相表里，不可分离，不可分析，无有分别，乃具足者也。

汉字"不生不灭、不垢不净、不增不减"，乃为中国人之心识。心识者，可执持本源，执受流变，结生相续。无汉字，即无此心识。唯有此心识，为中国文化生命之本源，使其文化精神永不损坏，如安危相共，休戚相关。有此心识，方可追索文化精神，方可说中国人从何处来，向何处去。

此固然不为常人所能了知。圣人则不然，其直入中国之本源，洞察历史，昭显因果，故有曰"天不变，道亦不变"。圣人出，汉字立。其人仰观吐曜，观天文以极变；俯察含章，察人文以成化。于是画八卦，造书契，由是文籍生焉。

汉字之为德也大矣！其中有道，道心惟微。其时义亦远矣哉！风云雷电，山川草木，古今之变，天人之际，于其中会通和合，茹今孕古。其道之显者谓之文，鼓天下之动者存乎辞。日月迭璧，山川焕绮，人世贲华，宇宙结响，故郁郁乎文哉。

此天意使然也。汉字因一大事因缘问世，此即中国文化之生死也。汉字因缘所生，缘起性空，因果流荡，无往不复。于中国人，汉字"天上天下，唯我独尊"。所尊者何？曰：人乃天地之心，参天地而居其中。心生而言立，言立而文明。人有此汉字，可穷理尽性以至于命。以天地演化生人为始，知天尽性、事天立命为终。于是有阴阳，有鬼神，有五行，有圣人，有君子，有小人，有贤不肖，有儒释道。此即中国人之"天命"也。

中国历史乃汉字因果之流转，中国人在此智慧海中流转而生生不息，悲欢离合，与之合而为一。是故，中国历史之依据，中国人精神之所在，集于汉字一身。所谓中国，无非汉字。何以故？汉字为中国之所有记忆，且为其所记忆本身，即中国人自我文化意识之根源。古昔即有"华夷之辨"，实乃中国人"自我"本体之执著。故曰：汉字与中国人同在，汉字在，中国人存；汉字灭，中国人亡。今世有名"中国"者，有名"汉字"者，有名"中国人"者，然未见有人说其因果流转，正不知天意如何也。

以上为《颂·雅·风》之大义也。

谨为序。

作者

于西山采蘋馆

目 录

颂 ··· 1

雅 ··· 69

风 ··· 127

頌

掌凡乐事，播鼗，击颂磬、笙磬。(《周礼·春官·眡瞭》)

磬在东方曰笙，笙，生也。在西方曰颂，颂或作庸；庸，功也。(《周礼·春官·眡瞭》郑玄注："掌凡乐事，播鼗，击颂磬、笙磬。")

颂之言诵也，容也，诵今之德，广以美之。(《周礼·春官·大师》郑玄注："大师教六诗：曰风、曰赋、曰比、曰兴、曰雅、曰颂。")

颂者，美盛德之形容，以其成功告于神明者也。(《诗大序》)

颂，皃也，从页公声。(许慎《说文解字·页部·颂》)

颂者，宗庙之乐歌，《大序》所谓美盛德之形容，以其成功告于神明者也。盖"颂"与"容"古字通用，故《序》以此言之。(朱熹《诗集传·颂》)

颂之训为美盛德者，余义也。颂之训为形容者，本义也。且颂字即容字也。容、养、漾一声之转……所谓《商颂》、《周颂》、《鲁颂》者，若曰商之样子，周之样子，鲁之样子而已。何以三《颂》有样而《风》、《雅》无样也？《风》、《雅》但弦歌笙间，宾主及歌者皆不必因此而为舞容；惟三颂各章皆是舞容，故称为颂。(阮元《揅经室集·释颂》)

庸即颂也。颂钟颂磬与歌声应，直言"颂"，重人声也。据此则《虞书》"笙镛"，"镛"字亦与"颂"通。(杨名时《诗经札记》)

古者包牺氏之王天下也，仰则观象于天，俯则观法于地。观鸟兽之文与地之宜，近取诸身，远取诸物，于是始作八卦，以通神明之德，以类万物之情。
（《易·系辞下传》）

　　遂古之初，谁传道之？上下未形，何由考之？
　　（远古之初，谁能传道？天地未分，如何究考？）
　　冥昭瞢暗，谁能极之？冯翼惟象，何以识之？
　　（混沌昏暗，谁能分清？元气充盈，何以分明？）
　　明明暗暗，惟时何为？阴阳三合，何本何化？
　　（明明暗暗，果有因乎？阴阳参合，何来何故？）
　　圜则九重，孰营度之？惟兹何功，孰初作之？
　　（天盖九重，谁能经营？如此天功，谁初作成？）

（屈原《天问》）

颂・雅・风

其人据鸟兽行迹创文字。(许慎《说文解字·叙》:及神农氏结绳为治而统其事,庶业其繁,饰伪萌生。黄帝之史仓颉,见鸟兽蹄远之迹,知分理之可相别异也,初造书契。)于是,天雨粟,鬼夜哭。(《淮南子·本经训》:昔者仓颉作书而天雨粟,鬼夜哭。)

经始灵台,经之营之。庶民攻之,不日成之。
(初始建灵台,策划并经营。百姓齐努力,数天功告成。)
经始勿亟,庶民子来。
(初始勿急迫,百姓来相从。)

王在灵囿,麀鹿攸伏。麀鹿濯濯,白鸟翯翯。
(主君游灵园,母鹿卧悠闲。母鹿体肥健,白鹳羽亮鲜。)
王在灵沼,于牣鱼跃。
(主君到灵沼,池鱼齐欢跃。)

虡业维枞,贲鼓维镛。于论鼓钟,于乐辟廱。
(编钟并石磬,大鼓联大钟。钟与鼓和鸣,公堂乐融融。)
于论鼓钟,于乐辟廱。鼍鼓逢逢,矇瞍奏公。
(钟与鼓和鸣,公堂乐融融。鼍鼓声咚咚,乐师祝成功。)

(《诗·大雅·灵台》)

其人登台以观天象。

阴阳者，天地之道也，万物之纲纪，变化之父母，生杀之本始，神明之府也。(《黄帝内经·素问·阴阳应象大论》)故阴阳四时者，万物之终始也，死生之本也，逆之则灾害生，从之则苛疾不起，是谓得道。(《黄帝内经·素问·四气调神大论》)

有人击壤而歌："日出而作，日入而息。凿井而饮，耕田而食。帝力于我何有哉？"(《击壤歌》，载皇甫谧《帝王世纪》)

斗转星移，荧惑守心，占曰"天下易政，主去其宫"。

他得知王朝气数已尽，将有王者杀伐四方，于是登上鹿台，著玉衣自焚而死。

王者出兵之时，他们拦住他的马头。

父死不葬，爰及干戈，可谓孝乎？以臣弑君，可谓仁乎？(《史记·伯夷列传》)

天下非一人之天下，乃天下之天下也。同天下之利者，则得天下；擅天下之利者，则失天下。(《六韬·文韬·文师》)

王者持大白旗追至鹿台，亲射三箭，而后下车，以轻剑击之，以黄钺斩其头，悬于旗下。(《史记·周本纪》略曰：武王驰之，纣兵皆崩畔纣。纣走，反入登于鹿台之上，蒙衣其殊玉，自燔于火而死。武王持大白旗以麾诸侯。武王遂入，至纣死所。武王自射之，三发而后下车，以轻剑击之，以黄钺斩纣头，悬大白之旗。）

於皇武王，无竞维烈。允文文王，克开厥后。
（神威兮武王，功业世无双。郁郁乎文王，创业复开来。）
嗣武受之，胜殷遏刘，耆定尔功。
（武王承先志，克殷止残杀，终致大业功。）

（《诗·周颂·武》）

《武》乐美则美矣，然以征伐取天下，故未尽善。（《论语·八佾》：子谓《韶》尽美矣，又尽善也。谓《武》尽美矣，未尽善也。）《韶》乐可谓尽善尽美，听之"三月不知肉味"（《论语·述而》），其可以治国也。（《论语·卫灵公》：颜渊问为邦。子曰："行夏之时，乘殷之辂，服周之冕，乐则韶舞。"）

神灵降临，其曰列祖列宗。

天保定尔，亦孔之固。俾尔单厚，何福不除？
（上天保佑你，江山稳且固。赐你得独厚，一切所有福。）

颂

俾尔多益,以莫不庶。
(赐你得多益,一切皆丰庶。)

天保定尔,俾尔戬穀。罄无不宜,受天百禄。
(上天保佑你,赐你多福禄。万事皆相宜,得天赐无数。)

降尔遐福,维日不足。
(赐你福长久,或恐有不足。)

天保定尔,以莫不兴。如山如阜,如冈如陵。
(上天保佑你,万事皆盛兴。如山亦如岭,如冈亦如陵。)

如川之方至,以莫不增。
(如川水来潮,万事皆助增。)

吉蠲为饎,是用孝享。禴祠烝尝,于公先王。
(沐浴备酒食,吉日供祭享。四季祭祖先,先公并先王。)

君曰卜尔,万寿无疆。
(尸神代祖言,子孙寿无疆。)

神之吊矣,诒尔多福。民之质矣,日用饮食。
(神灵已下临,赠你多福祉。人民原纯善,无非用吃穿。)

群黎百姓,遍为尔德。
(天下众百姓,教化守德行。)

如月之恒,如日之升。如南山之寿,不骞不崩。

(如月之恒常,又如日东升。又如南山寿,不损亦不崩。)

如松柏之茂,无不尔或承。

(如松柏茂盛,子孙代相承。)

(《诗·小雅·天保》)

寡人有闻:"天命玄鸟,降而生商。"(《诗·商颂·玄鸟》)此非"天命"乎?

主君,深不可测曰"天",无可奈何曰"命"。"治大国若烹小鲜。以道莅天下,其鬼不神。非其鬼不神,其神不伤人;非其神不伤人,圣人亦不伤人。夫两不相伤,故德交归焉。"(《老子》第六十章)

寡人深恐鬼神为厉伤人,故以祭祀以要其福。以此言观之,似虽有鬼而亦不神耶?

主君,鬼神非无,然洋洋乎如在其上,但只为民之福,不为民害。故曰非其鬼不神,但其神不伤人耳。然非其神不伤人,实由圣人含哺百姓,如保赤子。与天地合其德,鬼神合其吉凶而已。若以道德君临天下,则和气致祥。

寡人观于此言,以安静无扰为主,行其所无事,则民自安居乐业,而蒙其福利矣。

主君，此与烹饪之道相若，然小国不足以言之。若大国，或有可为。（《吕氏春秋·本味》：汤得伊尹，祓之于庙，爝以爟火，衅以牺猳。明日设朝而见之，说汤以至味。汤曰："可得而为乎？"对曰："君之国小，不足以具之；为天子然后可具。"）其要在一个"和"字。若问："和与同异乎？"对曰："异。和如羹焉，水、火、醯、醢、盐、梅以烹鱼肉，燀之以薪，宰夫和之，齐之以味；济其不及，以泄其过。君子食之，以平其心。君臣亦然。"（《左传·昭公二十年》）

七月流火，九月授衣。
（七月火星落，九月做寒衣。）

一之日觱发，二之日栗烈。无衣无褐，何以卒岁？
（正月寒风起，二月风凛冽。无衣可挡寒，如何过年关？）

三之日于耜，四之日举趾。
（三月修农具，四月种庄稼。）

同我妇子，馌彼南亩，田畯至喜！
（咱家老和小，举火在田头，田官享饭酒！）

七月流火，九月授衣。
（七月火星落，九月做寒衣。）

春日载阳，有鸣仓庚。女执懿筐，遵彼微行，爰求柔桑。

（春天阳光照，黄鹂鸣叫了。小女执箩筐，走在小路上，来采嫩叶桑。）

春日迟迟，采蘩祁祁。女心伤悲，殆及公子同归。
（春日白昼长，白蒿满箩筐。小女心悲切，少爷要俺做婢妾。）

（《诗·豳风·七月》）

主君，五世之内，不可知何谓天下美味。主君之江山方才一代，知"化腥臊"已属不易。有曰："君子之泽，五世而斩。"可不察乎？

寡人亦闻："小人之泽，亦五世而斩。"（《孟子·离娄下》："君子之泽，五世而斩；小人之泽，亦五世而斩。"）美味其理有如是哉？

主君，天下美食断绝之时，亦天下斩主君之日也。可不慎乎？

寡人亦闻："上古之世，民食果蓏蚌蛤，腥臊恶臭，而伤肠胃，民多疾病。有圣人作，钻燧取火，以化腥臊，而民悦之，使王天下，号之曰燧人氏。"（《韩非子·五蠹》）神农氏尝草别谷，教民耕艺，民始食谷，加于烧石之上。（高承《事物纪原》）此乃上古之传言，其可鉴乎？

主君，"以木巽火，亨饪也"。(《易·鼎卦·象下》)"木"如柴、草之类；"巽"，风也，顺风点火。"亨"，煮也。"饪"，熟也。此乃"鼎"卦，下巽上离相叠。燃木煮食，化生为熟，有"除旧布新"之义。鼎为重宝大器，三足稳重之象。煮食，则食物充足，故宜变革。

寡人有闻：九鼎已数迁。得九鼎者王天下耶？

主君，"黄帝始造釜甑，造灶，始蒸谷为饭，烹谷为粥"(《事物纪原》)，民始得遂养生之道。故则，利天下者，王天下也。

其人观龙战于野，其血玄黄。(参见《易·坤卦·上六》)

主君，"龙战于野"乃乾坤和合，阴阳交接。天地气交，则生云雨。此乃雷电云雨而已矣。"天地絪缊，万物化醇。男女构精，万物化生。"(《易·系辞下传》)饮食男女人之大欲之所在，可不慎乎？

其人观天地以生，万物发陈，冰水消解，河水荡漾。(《礼记·月令》略曰：仲春之月，始雨水，桃李华，仓庚鸣。)

主君，"天地之大德曰生"。(《易·系辞下传》)男女婚配恰当其时，可观阴阳和合也。"丈夫生而愿为之有室，女子生而愿为之有家。"(《孟子·滕文公下》)故"中春之月，令会男女。于是时也，奔者不禁。若无

故不用令者,罚之。司男女之无夫家者而会之"。(《周礼·地官·媒氏》)

有女不逢时,援琴而歌。

摽有梅,其实七兮。求我庶士,迨其吉兮。
(梅子已纷落,尚存十之七。男士欲求女,正是好时宜。)

摽有梅,其实三兮。求我庶士,迨其今兮。
(梅子已纷落,尚存十之三。男士欲求女,切莫再拖延。)

摽有梅,顷筐墍之。求我庶士,迨其谓之。
(梅子已纷落,倾筐地上取。男士欲求女,定约凭一语。)

(《诗·召南·摽有梅》)

寡人有闻,梅者,酸涩之物,岂非少女怀春辛苦之年也欤?落梅时节,初甜也,嫁娶之际也。梅者,媒也。(参见《毛诗正义》卷一一之五)

主君,婚嫁有"问名"之礼。她是那个国君之女,某一男人之妻,另一男人之母。换言之,她以公主身份嫁给她的丈夫,而她的丈夫又是那个国君的叔叔。(《左传·成公二年》略曰:楚之讨陈夏氏也,庄王欲纳夏姬。

申公巫臣曰："不可。君召诸侯，以讨罪也；今纳夏姬，贪其色也。贪色为淫，淫为大罚。以取大罚，非慎之也。"王乃止。子反欲取之，巫臣曰："是不祥人也。是夭子蛮，杀御叔，杀灵侯，戮夏南，出孔、仪，丧陈国，何不祥如是？人生实难，其有不获死乎？天下多美妇人，何必是？"）

　　她已如此年纪竟宛如处子，岂非身怀绝技？寡人有闻，君臣和她私通，一行人在朝堂上与她嬉戏。可有此事？（《左传·宣公九年》：陈灵公与孔宁、仪行父通于夏姬，皆衷其衵服，以戏于朝。泄冶谏曰："公卿宣淫，民无效焉，且闻不令，君其纳之。"公曰："吾能改矣。"公告二子。二子请杀之，公弗禁，遂杀泄冶。）

　　主君，"居丧不言乐。祭事不言凶。公庭不言妇女"。（《礼记·曲礼下》）何况，与主君私通者，亦为主君之叔母。

胡为乎株林？从夏南。匪适株林，从夏南！
（为何去株之林？去找夏南。非去株之林，其实去找夏南。）

驾我乘马，说于株野。乘我乘驹，朝食于株。
（驾上驷马车，换驾株之野。坐上驷驹车，早茶株之邑。）

（《诗·陈风·株林》）

他乘驷马车到她前夫的封地株之野，改乘驷驹车再奔株之邑。(《公羊传》隐公元年何休注云："礼，大夫以上至天子皆乘四马。……天子马曰龙，高七尺以上。诸侯曰马，高六尺以上。卿大夫、士皆曰驹，高五尺以上。"参见王先谦《诗三家义集疏》)

主君，您淫于叔母，竟不避讳她的儿子夏南？他身为公族，位居大夫，况乃夏氏主人，岂非无羞耻乎？

他们在她家里饮酒作乐。

爱卿，她的儿子长得很像你。

主君，她的儿子长得还是像你。

他容忍其母，却不甘其父受辱。他趁他的堂哥也就是主君酒醉欲回之际，"自其厩而杀之"。(《左传·宣公十年》：陈灵公与孔宁、仪行父饮酒于夏氏。公谓行父曰："徵舒似女。"对曰："亦似君。"徵舒病之。公出，自其厩射而杀之。)

主君，以史为鉴，可以知得失。其人曾"杀三夫一君一子，亡一国两卿"。主君所欲娶者，正乃其女也。(《左传·昭公二十八年》略曰：叔向欲娶于申公巫臣氏，其母曰："子灵之妻杀三夫、一君、一子，而亡一国、两卿矣，可无惩乎？吾闻之：'甚美必有甚恶。'夫有尤物，足以移人。苟非德义，则必有祸。")

爱卿亦有心乎？有人说爱卿为人体貌闲丽，口多微辞，又性好色，劝寡人不要让你出入后宫。

主君，体貌闲丽，所受于天也；口多微辞，所学于师也；至于好色，臣无有也。

桃之夭夭，灼灼其华。之子于归，宜其室家。
（桃花何妖艳，灿烂若红霞。送女去出嫁，相配好人家。）

桃之夭夭，有蕡其实。之子于归，宜其家室。
（桃花何妖艳，相期成果实。送女去出嫁，相成好家室。）

桃之夭夭，其叶蓁蓁。之子于归，宜其家人。
（桃花何妖艳，桃叶多繁新。送女去出嫁，相宜夫家人。）

（《诗·周南·桃夭》）

寡人有闻，古者太平之时，圣王在上，君子在位，男女不失时以偶，孝子不失时以养。外无旷夫，内无怨女；上无不慈之父，下无不孝之子。父子相成，夫妇相保；天下和平，国家安宁；万民育生，各得其所。天施地化，阴阳和合。此非太平之世乎？

主君，微臣亦闻，及大道衰微，礼义废弛，强凌弱，众暴寡，万民骚动，百姓愁苦；男怨于外，女伤其内，内外无主。此非大道衰微之时耶？（参见《韩诗外传》卷三，蔡邕《琴操·驺虞操》）

　　寡人有闻，求婚以雁为礼。雁为候鸟，季秋之月，候雁南，孟春之月，候雁北，取不失时节之义。

　　鸿雁于飞，肃肃其羽。之子于征，劬劳于野。
　　（鸿雁正翔飞，展翅振毛羽。有人被征役，辛劳在郊野。）
　　爰及矜人，哀此鳏寡。
　　（可怜辛苦人，何况鳏与寡。）

　　鸿雁于飞，集于中泽。之子于垣，百堵皆作。
　　（鸿雁正翔飞，栖息在湖泽。有人筑城垣，高城平地起。）
　　虽则劬劳，其究安宅。
　　（虽则辛和苦，却无安身地。）

　　鸿雁于飞，哀鸣嗷嗷。维此哲人，谓我劬劳。
　　（鸿雁正翔飞，哀鸣声嗷嗷。毕竟有哲人，知我辛与劳。）
　　维彼愚人，谓我宣骄。
　　（毕竟有愚人，说我想望高。）

（《诗·小雅·鸿雁》）

主君，微臣亦闻，求婚以雁为礼，取男女双方信守不渝之义。雁之为物，尚知与天时相符，况乃人乎？况乃君临天下者乎？起居不遵四时，婚配与"天"不应，则恐有不虞之灾。

寡人夜有噩梦，有自称"实沈"、"台骀"者，不知何许人也？此所谓不虞之灾者乎？

主君有恙，因实沈、台骀二人作祟之故。(《左传·昭公元年》：晋侯有疾，郑伯使公孙侨如晋聘，且问疾。叔向问焉，曰："寡君之疾病，卜人曰：'实沈、台骀为祟。'史莫之知。敢问此何神也？")祟，"神祸也"，(《说文解字·示部·祟》)祟者，祸咎之征也，故其字从出从示。示者，鬼神所以示人也。(《汉书·江充传》师古注)渎于鬼神故乃致祟。主君，此关乎立国之祥，可不慎乎？实沈、台骀乃境内神祇，主君礼当望祀，举国竟无人能识，荒废望祀，故二神所以为祟。

寡人几经祭祀告谢，病情不愈反甚。昨夜又梦黄熊入于寝门，此何谓焉？(《左传·昭公七年》：郑子产聘于晋。晋侯有疾，韩宣子逆客，私焉曰："寡君寝疾，于今三月矣，并走群望，有加而无瘳。今梦黄熊入于寝门，其何厉鬼也？"另参见《国语·晋语八》)

主君，黄熊即夏禹之父鲧，不可不知。鲧未完成帝命，死于羽山，化为黄熊没入于羽渊，上古祭天以鲧配祭。主君梦见黄熊，或因主君未曾祭鲧之故，也未可知。(《左传·昭公七年》：昔尧殛鲧于羽山，其神化为黄熊，以入于羽渊，实为夏郊，三代祀之。晋为盟主，其或者未之祀也乎？)

寡人素来崇敬鬼神，为何加祸于寡人？

主君，"大凡生于天地之间者皆曰命，其万物死皆曰折，人死曰鬼"。(《礼记·祭法》)鬼之为言归也，(《尔雅·释训》)人所归为鬼。(《说文解字·鬼部·鬼》)人死为鬼，死得其所，乃不为厉；如暴死，则其魂魄依附人，故可以为祟。(《左传·昭公七年》略曰：子产曰："鬼有所归，乃不为厉。"又曰："人生始化曰魄，既生魄，阳曰魂。用物精多，则魂魄强，是以有精爽，至于神明。匹夫匹妇强死，其魂魄犹能冯依于人，以为淫厉。")

国人可有暴死者？寡人未尝闻也。

主君，体气壅闭，不以时节宣发；声音五味不合礼，皆会导致人体之气滞塞。(《左传·昭公元年》：侨闻之："君子有四时，朝以听政，昼以访问，夕以修令，夜以安身。于是乎节宣其气，勿使有所壅闭湫底，以露其体。兹心不爽，而昏乱百度。"今无乃壹之，则生疾矣。)故邪气内侵，正气不足，则厉鬼入梦，或可有之。

寡人有闻,"先王以土与金木水火杂,以成百物。是以和五味以调口,刚四支以卫体,和六律以聪耳,正七体以役心,平八索以成人"。(《国语·郑语十六》)然体气滞塞之又何谓焉?

主君无乃更闻曰,"先王聘后于异姓,求财于有方,择臣取谏工而讲以多物,务和同也"。(《国语·郑语十六》)主君之病或因滥娶同姓之故。媒聘婚六礼,先纳采,次"问名",问女子生母之名,以分嫡庶,并问女子名字、排行、出生年月,以用占卜。问女之姓氏,以避"同姓不婚"。同姓婚媾,则子胤不蕃;同姓之子,多寿命不长,亦可致族群不谐而丧国。"男女辨姓,礼之大司。"淫于女色之为病,诚然大矣;滥取同姓,则非独殒身也。(《左传·昭公元年》:"侨又闻之:'内官不及同姓,其生不殖。'美先尽矣,则相生疾。君子是以恶之,故《志》曰:'买妾不知其姓,则卜之。'违此二者,古之所慎也。男女辨姓,礼之大司也。")

他游于泾上,有同姓三女奔之。(《国语·周语上》:恭王游于泾上,密康公从,有三女奔之。)有人歌曰:

南有乔木,不可休思。汉有游女,不可求思。
(南方有乔木,其下勿休憩。汉江有游女,其人不可求。)

汉之广矣，不可泳思。江之永矣，不可方思。
（汉江宽且广，其水不可泳。江水何其长，其水不可渡。）

翘翘错薪，言刈其楚。之子于归，言秣其马。
（蓬蓬有杂树，火把取荆条。有女要出嫁，喂饱迎亲马。）
汉之广矣，不可泳思。江之永矣，不可方思。
（汉江宽且广，其水不可泳。江水何其长，其水不可渡。）

翘翘错薪，言刈其蒌。之子于归。言秣其驹。
（蓬蓬有杂树，火把取老枝。有女要出嫁，喂饱迎亲驹。）
汉之广矣，不可泳思。江之永矣，不可方思。
（汉江宽且广，其水不可泳。江水何其长，其水不可渡。）

（《诗·周南·汉广》）

主君，游女者，游冶之女也。以其不合礼法，故不可求也。

寡人有闻，叔梁纥与颜氏女野合而生孔子。（参见《史记·孔子世家》）后孔子被尊为万世师表，此何谓焉？

主君，此乃天意，微臣以为不可以常理度之。此三女有可疑者。三兽为"群"，三人为"众"，三美女为"粲"。天子不猎成"群"之兽，王侯对"众"谦和谨行，天子不娶同姓三女。粲，固美好悦人，然何人何德何能可以消受？主君或闻"天谴"之说乎？

（《国语·周语上》：夫兽三为群，人三为众，女三为粲。王田不取群，公行下众，王御不参一族。夫粲，美之物也。众以美物归女，而何德以堪之？王犹不堪，况尔小丑乎？小丑备物，终必亡。）

此"粲"寡人惊爱之。因色而误国，寡人并非不知，只是不能自已也！

主君，此"粲"本属敌国，又为战俘，况乃同姓，主君欲置太子于何地？

七月流火，八月萑苇。
（七月火星落，八月芦荻白。）

蚕月条桑，取彼斧斨。以伐远扬，猗彼女桑。
（蚕月修桑木，修枝需用斧。砍去长高枝，嫩枝且修复。）

七月鸣鵙，八月载绩。
（七月伯劳鸟叫，八月纺织忙。）

载玄载黄，我朱孔阳，为公子裳。
（其色玄且黄，朱红且鲜亮，为少爷做衣裳。）

（《诗·豳风·七月》）

于是，太子自刎而死。(《左传·闵公元年》士蒍曰："大子不得立矣，分之都城而位以卿，先为之极，又焉得立。不如逃之，无使罪至。为吴大伯，不亦可乎？犹有令名，与其及也。"《史记·晋世家第九》太子曰："吾君老矣，非骊姬，寝不安，食不甘。即辞之，君且怒之。不可。"或谓太子曰："可奔他国。"太子曰："被此恶名以出，人谁内我？我自杀耳。"十二月戊申，申生自杀于新城。)

微臣无地自容，请从其死。生不能正君，死则不可享正寝，请在内室治丧吧。(《孔子家语·困誓》略曰：卫蘧伯玉贤而灵公不用，弥子瑕不肖反任之，史鱼骤谏而不从。史鱼病将卒，命其子曰："吾在卫朝，不能进蘧伯玉，退弥子瑕，是吾为臣不能正君也。生而不能正君，则死无以成礼。我死，汝置尸牖下，于我毕矣。"其子从之。灵公吊焉，怪而问焉，其子以其父言告公，公愕然失容曰："是寡人之过也。")

孝子站在寝室门内西向，主妇站对面，东向。殓毕，孝子与主妇跪下抚尸哭泣。

先生至死都不懈怠，竟然"尸谏"！欲置寡人于何地！(《孔子家语·困誓》：孔子闻之曰："古之列谏之者，死则已矣，未有若史鱼死而尸谏，忠感其君者也，不可谓直乎？")

主君，此乃"天谴"之象也。若贪图美色，恐祸及家国天下也。(《左传·昭公元年》：今君内实有四姬焉，其无乃是也乎！若由是二者，弗可为也已。四姬有省犹可，无则必生疾矣。)夫有尤物，足以移人，苟非德义，则必有祸。(《左传·昭公二十八年》)

寡人尝闻，"天地之大德曰生，圣人之大宝曰位"。(《易·系辞下传》)寡人亦知，"帝德广运，乃圣乃神，乃武乃文。皇天眷命，奄有四海，为天下君"。(《尚书·大禹谟》)寡人若无大德，何以奄有四海？

假乐君子，显显令德。宜民宜人，受禄于天。
(君王行嘉乐，彰显好美德。德合民与臣，福禄受于天。)
保右命之，自天申之。
(保辅受天命，上天常眷顾。)

干禄百福，子孙千亿。穆穆皇皇，宜君宜王。
(获禄复百福，子孙千千亿。庄重又堂皇，岂非宜君王。)
不愆不忘，率由旧章。
(不乱不迷狂，遵循旧典章。)

威仪抑抑，德音秩秩。无怨无恶，率由群匹。
(威仪庄且美，教化如春风。无怨亦无恶，从善众贤臣。)

颂·雅·风

受福无疆,四方之纲。
(受福百千强,四方以纪纲。)

之纲之纪,燕及朋友。百辟卿士,媚于天子。
(天下奉纲纪,宴乐酬朋友。诸侯与卿士,爱戴我天子。)

不解于位,民之攸塈。
(不懈守职位,人民得实利。)

(《诗·大雅·假乐》)

主君,"夫大人者,与天地合其德,与日月合其明,与四时合其序,与鬼神合其吉凶,先天而天弗违,后天而奉天时"。(《易·乾卦·文言》)大德者,天人合一之谓也。微臣以为,奄有四海者,未必有大德也。

寡人亦知,"天子作民父母,以为天下王"。(《尚书·洪范》)

主君之病已不可为矣,其病在"蛊"。蛊非鬼非神,可惑人心志,微臣恐神医亦无回天之力矣。(《左传·昭公元年》:晋侯求医于秦。秦伯使医和视之,曰:"疾不可为也。是谓近女室,疾如蛊。非鬼非食,惑以丧志。良臣将死,天命不佑。")

寡人亦知"蛊"字,古作"蠱",其象瓦盆中蛇蝎。(《尔雅·释器》：康谓之蛊。郭璞注：米皮。《说文解字·虫部·蛊》：蛊，腹中虫也。)然其有何谓哉？

所谓"蛊"，乃器皿中毒虫竟食，仅余一虫，其集百毒于一身，成百毒之毒，此即蛊种，其卵用于下蛊。(李时珍《本草纲目·虫部四·蛊虫》：取百虫入瓮中，经年开之，必有一虫尽食诸虫，即此名为蛊。)蛊虫入于人腹中，可致五内糜烂而身亡。蛊毒为变惑之气。凡中蛊病多趋于死。着蛊毒面色青黄者，其脉洪壮。病发之时，腹内热闷，胸胁支满，舌本胀强，不喜言语，身体恒痛，又心腹似如虫行，颜色赤，唇口干燥，经年不治，肝鬲烂而死。其面色赤黄者是蝎蜥蛊，其脉浮滑而短。病发之时，腰背微满，手脚唇口悉皆习习，而喉脉急，舌上生疮，二百日不治，噉人心肝尽乱，下脓血，羸瘦，颜色枯黑而死。(参见巢元方《诸病源候论》)

谁与寡人有如此深仇大恨？

害主君者，主君之欲也。沉溺于酒色财气，足以致心智迷乱，此即受蛊之惑也。"惑，乱也。"(《说文解字·心部·惑》)蛊乃阳性热毒之物，可变乱元气，迷人心志。其肝火上亢、心火上炎，暴怒无常、语无伦次，幻象丛生，言行诡秘。所乱者何？心也。一心多思多欲，必受其惑。病有鬼为之者，有食为之者，此

病非鬼非食,淫于女色,情性惑乱以丧失志意也。(参见《左传·昭公元年》正义)

寡人亦知"蛊"卦,有曰:女惑男,风落山,是为蛊。凡事败坏而后有事。事坏亟须整治,济险扶危也。(《左传·昭公元年》:赵孟曰:"何谓蛊?"对曰:"淫溺惑乱之所生也。于文,皿虫为蛊。谷之飞亦为蛊。在《周易》,女惑男,风落山,谓之蛊。皆同物也。"另参见《国语·晋语八》)然观"蛊"卦之象,上艮,少男;下巽,长女,乃长女惑少男。此象似非寡人之事也。

主君,"天有六气,降生五味,发为五色,征为五声,淫生六疾。六气曰阴、阳、风、雨、晦、明也。分为四时,序为五节,过则为灾。阴淫寒疾,阳淫热疾,风淫末疾,雨淫腹疾,晦淫惑疾,明淫心疾。女,阳物而晦时,淫则生内热惑蛊之疾。今君不节不时,能无及此乎?"(《左传·昭公元年》)主君沉溺于后宫,征歌选舞,不舍昼夜,床笫之欢,不分晨夕。此岂非蛊惑耶?

君子阳阳,左执簧,右招我由房。其乐只且!

(舞师喜气扬,左手执笙簧。右手招我奏《由房》,何其乐哉!)

颂

君子陶陶，左执翿，右招我由敖。其乐只且！
（舞师乐陶陶，左手摇羽毛。右手招我奏《由敖》，何其乐哉！）

（《诗·王风·君子阳阳》）

寡人有房中乐，传自先王，不近女色焉有此乐？（《毛传》："由，用也。国君有房中之乐。"胡承珙《毛诗后笺》："由房者，房中，对庙朝言之。人君燕息时所奏之乐，非庙朝之乐，故曰房中。"）

主君，"先王之乐，所以节百事也。故有五节，迟速本末以相及，中声以降，五降之后，不容弹矣。于是有烦手淫声，慆堙心耳，乃忘平和，君子弗听也。物亦如之，至于烦，乃舍也已，无以生疾。君子之近琴瑟，以仪节也，非以慆心也。"（《左传·昭公元年》）微臣恐主君之房中乐，乃靡靡之音也。

寡人听古乐，惟正襟危坐，房中事亦无其乐也。新声则不然，悦于耳而摇于心，故乐此不疲也。（《礼记·乐记》：魏文侯问于子夏曰：吾端冕而听古乐，则唯恐卧；听郑卫之音，则不知倦。）

主君，"凡音者，生人心者也。情动于中，故形于声，声成文，谓之音。是故治世之音安以乐，其政和；乱世之音怨以怒，其政乖；亡国之音哀以思，其民困。声音之道与政通矣。宫为君，商为臣，角为民，徵为事，羽为物，五者不乱，则无怗懘之音矣。"（《礼记·乐记》）微臣恐主君之乐，其音非"安以乐"，非"怨以怒"，乃"哀以思"也。其非亡国之兆耶？

寡人观天下，既无天灾，亦无人祸，风调雨顺，国泰民安，焉有亡国之患？

主君，贪恋"亡国"、"乱世"之新声，（《国语·晋语八》说新声）"淫于色而害于德"，（《礼记·乐记》载子夏说）即玩物丧志，必遭天谴。"天作孽，犹可违。自作孽，不可活"（《孟子·公孙丑上》），此之谓也。

人君燕居原有房中乐歌之设，所谓亡国之音，寡人未闻如是之说。

主君，宴乐及房中乐，均属阴声。（郑玄注《周礼·春官·磬师》云："燕乐，房中之乐，所谓阴声也。"郑玄注《仪礼·燕礼》云："王后，国君夫人房中之乐歌也。"《汉书·礼乐志》略云：又有房中祠乐，高祖唐山夫人所作也。周有房中乐，至秦名曰寿人，高祖乐楚声，故房中乐楚声也。孝惠二年，使乐府令夏侯宽备其箫管，更名曰安世乐。另见《史记·封禅书》"梁巫"条）"当阳者，君父是也。故人主南面，以阳为位也。"（董仲舒《春秋繁露》）主君，房中事亦即天下事，岂可荒忽懈怠乎？

主君,"君子之道,造端乎夫妇;及其至也,察乎天地"。(《中庸》)"有天地,然后有万物;有万物,然后有男女;有男女,然后有夫妇;有夫妇,然后有父子;有父子,然后有君臣;有君臣,然后有上下;有上下,然后礼义有所错。"(《易·序卦上》)此岂非人君之道乎?

关关雎鸠,在河之洲。窈窕淑女,君子好逑。
(鸣叫有雎鸠,其在河之洲。娴静美佳人,主人好配偶。)

参差荇菜,左右流之。窈窕淑女,寤寐求之。
(长短水荇菜,左右自浮流。娴静美佳人,日夜以相求。)

求之不得,寤寐思服。悠哉悠哉,辗转反侧。
(如何求不得,思念日与夜。长夜复悠悠,辗转复反侧。)

参差荇菜,左右采之。窈窕淑女,琴瑟友之。
(长短水荇菜,左右分采摘。娴静美佳人,琴瑟以增彩。)

参差荇菜,左右芼之。窈窕淑女,钟鼓乐之。
(长短水荇菜,左右分摘择。娴静美佳人,钟鼓助喜乐。)

(《诗·周南·关雎》)

寡人观《关雎》，其亦在男女之间者欤？

主君，"《关雎》之乱，洋洋乎！盈耳哉"。(《论语·泰伯》)"《关雎》至矣乎！夫《关雎》之人，仰则天，俯则地，幽幽冥冥，德之所藏，纷纷沸沸，道之所行，如神龙变化，斐斐文章。大哉！《关雎》之道也，万物之所系，群生之所悬命也，河洛出图书，麟凤翔乎郊，不由《关雎》之道，则《关雎》之事将奚由至矣哉！夫六经之策，皆归论汲汲，盖取之乎《关雎》，《关雎》之事大矣哉！冯冯翊翊，自东自西，自南自北，无思不服。子其勉强之，思服之，天地之间，生民之属，王道之原，不外此矣。"(《韩诗外传》卷五)

《关雎》一篇，竟如此深不可测？(《韩诗外传》卷五：子夏喟然叹曰："大哉！《关雎》乃天地之基也。")寡人未做如是之想。

主君，《关雎》一篇，必做如是之想，必为《国风》之始也。"衽席"，故是男女，其为婚姻，乃人伦道德之首位。(《史记·孔子世家》：古者《诗》三千余篇，及至孔子，去其重，取可施于礼义，上采契后稷，中述殷周之盛，至幽厉之缺，始于衽席，故曰：《关雎》之乱以为《风》始。)故《关雎》者，"以琴瑟之悦拟好色之愿，以钟鼓之乐拟夫妇之好"。(战国楚竹书《孔子诗论》。"夫妇"二

颂

字原缺)《诗经》以《关雎》为首,即敦厚夫妇之意,"所以风天下而正夫妇也"。(《诗大序》)

寡人房中乐竟有如此微言大义?房中之乐竟有何乐?

主君,《诗经》中《关雎》、《葛覃》、《卷耳》、《鹊巢》、《采繁》、《采苹》之篇均为夫妇之道,"故国君与其臣下及四方之宾燕用之合乐也"。(《仪礼·乡饮酒礼第四》郑玄注:"众笙则不拜,受爵,坐祭,立饮,……")乡人用之,谓之"乡乐",后宫夫人用之,谓之"房中乐",君王退朝燕居用之,谓"燕乐"。(《周礼·春官·磬师》孙诒让正义:"教缦乐燕乐之钟磬。")所谓"风天下"者,主君亦在其中也。

寡人贵为天子,天子之乐竟有何乐?

主君,男女媾合与天地阴阳相参,而身为天子,"淫于色而害于德",即损于天道也。主君其病所以药石罔效,非只在同姓相娶,非只在沉迷酒色,亦非只在心智迷乱,而在不知天下为何事也。

十月之交,朔月辛卯。日有食之,亦孔之丑。
(十月初相交,初一逢辛卯。太阳出日食,预兆安可苟。)
彼月而微,此日而微。今此下民,亦孔之哀。
(彼月已晦暗,此日亦晦暗。今此天下民,亦是多哀难。)

31

日月告凶，不用其行。四国无政，不用其良。
（日月显灾凶，因其失运行。四方国失政，不用忠贤良。）
彼月而食，则维其常。此日而食，于何不臧。
（彼月出月食，尚可维为常。此日出日食，岂可视为祥。）

烨烨震电，不宁不令。百川沸腾，山冢崒崩。
（烨烨雷挟电，民乱不行令。百川皆沸腾，高山轰然崩。）
高岸为谷，深谷为陵。哀今之人，胡憯莫惩？
（高岸变深谷，深谷复为陵。可怜当世人，为何不惊醒？）

（《诗·小雅·十月之交》）

寡人观《关雎》，未见其有天下大道之深义，亦未察其有房中燕乐之微言也。

主君，若谓微臣言之不预也，请看后宫。"关关雎鸠，在河之洲"乃"后妃之德"。后妃母仪天下，不亦重乎？（《诗大序》："《关雎》，后妃之德也，《风》之始也，所以风天下而正夫妇也。""是以《关雎》乐得淑女，以配君子，忧在进贤，不淫其色，哀窈窕，思贤才，而无伤善之心焉，是《关雎》之义也。"《诗·周南·关雎》毛传："是幽闲贞专之善女，宜为君子之好匹。"）

夫人，您贵为国母，在宫中三年不言不笑，无燕

颂

乐之乐焉?

妾,舜后裔,世居㵋水,以此为姓,嫁为侯夫人。后世有好事者称妾"桃花夫人"。(《左传·庄公十年》:蔡哀侯娶于陈,息侯亦娶焉。息妫将归,过蔡。蔡侯曰:"吾姨也。"止而见之,弗宾。息侯闻之,怒,使谓楚文王曰:"伐我,吾求救于蔡而伐之。"楚子从之。秋九月,楚败蔡师于莘,以蔡侯献舞归。)有诗曰:"桃花夫人好颜色,月中飞出云中得,新感恩仍旧感恩,一倾城矣再倾国。"(吴天章《桃花夫人》)主君闻"桃花夫人"之名,则灭夫君之国,遂纳妾于后宫。

夫人,三年不言不笑,仅此足以名垂千古。亦有诗为证:"细腰宫里露桃新,脉脉无言几度春。至竟息亡缘底事,可怜金谷坠楼人。"(杜牧《题桃花夫人庙》)夫人其有哀怨欤?

妾入后宫,三年为主君生两子。一个女人,伺候两个丈夫,至今未死,又复何言?(《左传·庄公十四年》:蔡哀侯为莘故,绳息妫以语楚子。楚子如息,以食入享,遂灭息。以息妫归,生堵敖及成王焉,未言。楚子问之,对曰:"吾一妇人而事二夫,纵弗能死,其又奚言?")有诗曰:"楚宫慵扫眉黛新,只自无言对暮春。千古艰难惟一死,伤心岂独息夫人。"(邓汉仪《题息夫人庙》)有诗深解妾

33

心,曰:"莫以今时宠,忘却昔日恩。看花满眼泪,不共楚王言。"(王维《息夫人》)先夫下落不明,不知所终,妾则从此身负亡国罪名。

简兮简兮,方将万舞。日之方中,在前上处。
(鼓声咚咚响,万舞即开场。太阳正当顶,舞师且前行。)

硕人俣俣,公庭万舞。有力如虎,执辔如组。
(伟哉何魁梧,广场起万舞。有力猛如虎,执辔挽绳缕。)

左手执籥,右手秉翟。赫如渥赭,公言锡爵。
(左手执长笛,右手挥雉尾。面孔似古铜,主公美酒赐。)

山有榛,隰有苓。云谁之思?
(山上有榛,洼地有苓。何人寄遐思?)
西方美人,彼美人兮,西方之人兮!
(西方美男子,那美男子,那西方美男子!)

(《诗·邶风·简兮》)

主君,此乃"万舞",以演习战备,激励士气。主君溺于后宫,万舞亦沦为渔色之用,翻为靡靡之音。

（《左传·庄公二十八年》：楚令尹子元欲蛊文夫人，为馆于其宫侧而振《万》焉。夫人闻之，泣曰："先君以是舞也，习戎备也。今令尹不寻诸仇雠，而于未亡人之侧，不亦异乎！"）由此乐，可知音，由音可知主君凶吉，由主君凶吉，可知天下安危矣。所谓"亡国之音"之说，诚不虚也。

寡人有闻，"望而知之谓之神，闻而知之谓之圣，问而知之谓之工，切脉而知之谓之巧"。（《难经》六十一难）果然有如此之圣？

主君，闻声可以辨病。五音宫、商、角、徵、羽，归五脏肝、心、脾、肺、肾，故闻五音可知吉凶寿夭。主君为一国之君，听主君之音亦可得知天下安危。或可请太师试闻太子之音，以验其详。

吾闻太师将来，甚喜。

古之君子，其行可则，由舜而下，其孰有广德？

如舜者，居其所以利天下，奉翼远人，皆得己仁，此之谓天。如禹者，圣劳而不居，以利天下，好取不好与，此之谓圣。如文王者，其大道仁，其小道惠，是之谓仁。如武王者，杀一人而以利天下，是之谓义。

太师歌《无射》，曰："国诚宁矣，远人来观，修义经矣，好乐无荒。"

太子歌《峤》，曰："何自南极，至于北极，绝境越国，弗愁道远。"

微臣已知矣。太子其声清汗，色赤白，火色不寿。

（以上师旷听声诊病，参见《逸周书·太子晋解六十四》）

果有如此之圣！寡人新造"无射"大钟，请太师试闻之。

主君，此"无射"大钟，微臣听其不祥，恐王其以心疾死乎？夫乐，天子之职也；夫音，乐之所载也；钟，音之器也。天子察《风》以作乐，以钟为乐器也，以钟之声表达之。音其小者不失于纤细，其大者不失于粗犷，如此则和于事，和于事则美其成。和声入耳而存之于心，心安则悦。若其音纤细而不达，粗犷而无当，则于心不安，是以病从中起。此"无射"钟音甚粗大，恐主君心所不能承受，其能久乎？（参见《左传·昭公二十一年》）

寡人有闻太师以声断天下事，请试闻之。

其人先歌《北风》，继之以《南风》。

主君无可忧。南风式微，且滞如死水，敌国必徒劳无功。（《左传·襄公十八年》：晋人闻有楚师，师旷曰："不害！吾骤歌北风，又歌南风。南风不竞，多死声。楚必无功。"）

寡人有新声，请太师试闻之。

主君，此亡国之声，昔为暴君靡靡之乐也，其状若鬼神，闻此声者其国必败，故不可听也。

寡人所好者，音也，闻有悲如《清商》者，何如？

主君，《清商》固悲，然不如《清徵》。古之听《清徵》者，皆有德义之君也，今主君德薄，不足以听。

寡人所好者，音也，请遂寡人之愿。

其人援琴而鼓。一奏之，有玄鹤二八，道南方来，集于郎门之垝。再奏之而列。三奏之，延颈而鸣，舒翼而舞。音中宫商之声，上闻于天。

音有悲于《清徵》者乎？寡人可得而闻乎？

有《清角》者。昔黄帝合鬼神于泰山之上，驾象车而六蛟龙，木神侍卫于车辖，蚩尤开路居于前，风神扫尘埃，雨神洗道路，虎狼在前，鬼神在后，腾蛇伏地，凤凰翔空，于是作为《清角》。今主君德薄，不足听之，听之将恐有败。

寡人老矣，所好者，音也，请遂寡人之愿。

其人援琴而鼓。一奏之，有玄云从西北起；再奏之，大风至，大雨随之，裂帷幕，毁祭器，堕屋瓦。

（以上引自《韩非子·十过·好音》）

寡人果然梦见一厉鬼，披头散发，捶胸跳跃，曰："你妄杀我子孙，此为不义。上帝允我复仇，我今来矣！"此厉鬼毁宫门，再毁寝门，追寡人至内室。此噩梦其可解乎？（《左传·成公十年》：晋侯梦大厉，被发及地，搏膺而踊，曰："杀余孙，不义。余得请于帝矣！"坏大门及寝门而入。公惧，入于室。又坏户。公觉，召桑田巫。巫言如梦。公曰："何如？"曰："不食新矣。"）

主君，"见其礼而知其政，闻其乐而知其德"。（《孟子·公孙丑上》）"凡建国，禁其淫声、过声、凶声、慢声。"（《周礼·春官·大司乐》）"淫声"，靡靡之音也；"过声"，哀乐失之节度者也。主君喜靡靡之音，必定女色过度，微臣恐天不杀而人自杀。今主君被恶鬼所缠，微臣以为，"天道福善祸淫"（《尚书·汤诰》），丝毫不爽。

寡人亦知，"夫四时阴阳者，万物之根本也。所以圣人春夏养阳，秋冬养阴，以从其根，故与万物沉浮于生长之门。逆其根则伐其本，坏其真矣。故阴阳四时者，万物之终始也，生死之本也，逆之则灾害生，从之则苛疾不起，是谓得道"。（《黄帝内经·素问·四气调神大论》）寡人自知有病，然可得见圣人乎？

主君，"是故圣人不治已病，治未病；不治已乱，治未乱，此之谓也。夫病已成而后药之，乱已成而后治之，譬犹渴而穿井，斗而铸锥，不亦晚乎？"（《黄

帝内经·素问·四气调神大论》）

寡人近来噩梦愈多，疾病变为两小儿，一曰："良医将至，如之何也？"一曰："可居于肓之上，膏之下，若我何？"（《左传·成公十年》：公梦疾为二竖子，曰："彼，良医也。惧伤我，焉逃之？"其一曰："居肓之上，膏之下，若我何？"医至，曰："疾不可为也。在肓之上，膏之下，攻之不可，达之不及，药不至焉，不可为也。"公曰："良医也。"）

主君，此两小儿乃两大夫，被您妄杀，其鬼魂前来讨债。主君阳气衰微，故鬼魂作祟。微臣恐主君尝不到新麦了，月内即有不虞。

既是鬼魂作祟，可有驱鬼之法？

医者治病，可用针灸、按摩、熨贴、砭石、手术、汤药等。病在肓上膏下，灸不能用，针亦不达，"病入膏肓"，此之谓也。况乃医者只可治病，不能救命，故此病不可为也。

鬼神作祟其非病乎？

主君，鬼神作祟乃为虚病，医有六不治："骄恣不论于理，一不治也；轻身重财，二不治也；衣食不能适，三不治也；阴阳并，藏气不定，四不治也；形羸不能服药，五不治也；信巫不信医，六不治也。有此一者，则重难治也。"（《史记·扁鹊仓公列传》）主君六者俱全，岂可为乎？

寡人有疾，寡人好勇。（《史记·秦本纪》：武王有力，好戏，力士任鄙、乌获、孟说皆至大官。王与孟说举鼎，绝膑。八月，武王死。）

主君所言，莫非匹夫单打独斗之勇？主君为一国之君，岂可如此妄自菲薄?！（《孟子·梁惠王下》王曰："寡人有疾，寡人好勇。"对曰："王请无好小勇。夫抚剑疾视曰：'彼恶敢当我哉！'此匹夫之勇，敌一人者也。王请大之。"）圣人有言："仁者不忧，智者不惑，勇者不惧。"（《论语·宪问》）"不惧"之勇可救人之难，济人之厄，除暴安良，惩恶卫善，见义勇为之谓也。

王赫斯怒，爰整其旅，以按徂旅。
（文王激义愤，出征率军旅，军威御外侮。）
以笃于周祜，以对于天下。
（周族受福祉，所以安天下。）

（《诗·大雅·皇矣》）

此文王之勇也。文王一怒而安天下之民。（《孟子·梁惠王下》）《书》曰："天降下民，作之君，作之师。惟曰：'其助上帝，宠之四方；有罪无罪，惟我在，天下曷敢有越厥志？'"（上天生百姓，故有君王，有师表。故曰："君与师助上帝，恩宠四方；有罪或无罪，其责在我，天下无敢凌越此意。"引自《孟子·梁惠王下》）一人横行于天下，武王耻之，此武王之勇也。武王亦一怒而安天下之民。若主君效文王、武王之勇，天下苍生惟恐主君之不好勇也。（参见《孟子·梁惠王下》）

然则，主君之勇亦有其怒，微臣窃以为此乃"怒伤肝"之怒也。"气为百病之长。"肝属木，如春天万物生发，故喜条达疏泄。主君暴怒，肝血随怒气上冲，肝阴受损，阴阳失衡，肝火炽盛，久则枯竭。"怒伤肝"者，此之谓也。肝为心之母，肝血不足，不能养心，以致心神不宁，失眠多梦，故梦中多见恶鬼。

寡人有疾，寡人好财。

笃公刘，匪居匪康，乃场乃疆。
（忠厚兮公刘，不居己安康，划田界分地疆。）
乃积乃仓，乃裹糇粮。于橐于囊，思戢用光。
（勤积粮满仓，备好行军粮。装满袋与囊，慎思用心广。）
弓矢斯张，干戈戚扬，爰方启行。
（长箭引弓张，干戈军威扬，启程定方向。）

笃公刘,于胥斯原,既庶既繁。
(忠厚兮公刘,察审彼高原,富庶又荣繁。)
既顺乃宣,而无永叹。陟则在巘,复降在原。
(民心乃服顺,故无长息叹。再登彼高岭,又复返平川。)
何以舟之?维玉及瑶,鞞琫容刀。
(佩戴为何物?有美玉嘉石,华丽宝刀。)

笃公刘,逝彼百泉,瞻彼溥原。
(忠厚兮公刘,此去往百泉,展望大平原。)
乃陟南冈,乃觏于京,京师之野。
(于是登南冈,此地可建京,广有京畿田。)
于时处处,于时庐旅。于时言言,于时语语。
(于是停脚步,于是造居所。于是细陈辞,于是细讨说。)

笃公刘,于京斯依,跄跄济济。
(忠厚兮公刘,京师安此地,众人多济济。)
俾筵俾几,既登乃依,乃造其曹。
(铺筵又设几,登席依几靠,教导众部曹。)
执豕于牢,酌之用匏。食之饮之,君之宗之。
(用猪以祭祀,匏瓢以酌酒。且食且饮之,公刘为尊也。)

颂

笃公刘,既溥且长,既景乃冈。
(忠厚兮公刘,足迹遍四方,测日在高岗。)
相其阴阳,观其流泉,其军三单。
(勘察地南北,观看求水源,屯军三高台。)
度其隰原,彻田为粮。度其夕阳,豳居允荒。
(度量洼与原,定田交公粮。度量地之西,豳地可拓荒。)

笃公刘,于豳斯馆,涉渭为乱。
(忠厚兮公刘,豳原建宫宇,渡渭治部曲。)
取厉取锻,止基乃理,爰众爰有。
(采石采锻石,宫室大功垂,众望有所归。)
夹其皇涧,溯其过涧。止旅乃密,芮鞫之即。
(安居沿广涧,绵延过山涧。定居复安宁,水湾内外连。)

(《诗·大雅·公刘》)

主君,列祖列宗并非不爱财物,《诗》云:"乃积乃仓,乃裹糇粮,于橐于囊,思戢用光。弓矢斯张,干戈戚扬,爰方启行。"(《诗·大雅·公刘》)先贤圣王亦爱财物,然用之于天下苍生,则适得其所。若此,主君焉有好财之疾!(《孟子·梁惠王下》:"故居者有积仓,行者有裹囊也,然后可以爰方启行。王如好货,与百姓同之,于王何有？"）

寡人亦知，"富与贵，是人之所欲也"，"贫与贱，是人之所恶也"。（《论语·里仁》）故富与贵，亦寡人之所欲也，其果何病焉？

主君，"儒有不宝金玉，而忠信以为宝；不祈土地，立义以为土地；不祈多积，多文以为富"。（《礼记·儒行》）是故，"君子喻于义，小人喻于利"。（《论语·里仁》朱熹集注）"义者，天理之所宜。利者，人情之所欲。"（《论语·里仁》朱熹集注）一国之君，好财物必取利天下之义，而非利己之旨。"仓廪实则知礼节，衣食足则知荣辱。"（《管子·牧民》）"凡治国之道，必先富民。民富则易治也，民贫则难治也。……故治国常富而乱国常贫。是以善为国者，必先富民，然后治之。"（《管子·治国》）况乃"百姓足，君孰与不足？百姓不足，君孰与足？"（《论语·颜渊》）若主君好财取此大义，其何疾之有？

主君，微臣窃以为，主君之贪财之疾在于脾胃。脾胃主升清降浊，"脾胃者，仓廪之官，五味出焉"。（《黄帝内经·素问·灵兰秘典论》）所谓"贪财"者，在于饮食不节，恣食高粱厚味，则食停中脘，气机受阻，壅塞清窍，痰浊停滞中焦，故蒙闭清阳，神失清灵。

（参见《黄帝内经·素问·六节藏象论》）脾胃为后天之本，气血生化之源。主君轻身重财恐难治也。

寡人有疾，寡人好色。（《孟子·梁惠王下》）

主君，古昔太王好色，爱其妃子。《诗》云："古公亶父，来朝走马，率西水浒，至于岐下，爰及姜女，聿来胥宇。"（《诗·大雅·绵》）当是时，内无怨女，外无旷夫。主君好色若是，何疾之有？（参见《孟子·梁惠王下》）

寡人亦知，"饮食男女，人之大欲存焉"。（《礼记·礼运》）好色亦寡人之大欲也。然颇觉力不从心，气衰而不和，心内不乐，身常恐危。有闻彭祖精通房中之术，摄养得法，又常服食强精补药，收返老还童之效。寡人颇向往之。

主君身体衰微，乃因伤于阴阳交接之道。女，阴性，水；男，阳性，火。女之胜男，犹水之胜火。如烹调食物，知水火交融，调和五味，故成佳肴。男女之事亦如是。不知阴阳之道，身心折损，败身丧命，何乐之有？（参见《素女经》）

寡人亦闻有容成公者，用采阴补阳之法，即使年至耄耋，仍可房事而不衰。寡人颇神往之。

主君可知"采阳补阴"之法？"万物负阴而抱阳，

冲气以为和。"(《老子》第四十二章)阴阳之道，在于男女和谐。阳得阴而化育，阴获阳而成长。阴阳交合，阴静阳动，阴受阳施，乃相辅相成，互相感应，循环相生。未闻偏于阳而可以生者。有壮阳药者，无异饮鸩止渴，殊不足取。所谓房中术者，或为道家养生之术，非好色淫欲之道也。

寡人常不能勃起，无地自容而汗如雨下。

主君，心思光明，行为磊落，性情平和，舒泰神闲，则阴阳平衡，男女调和。遵行五常之道，则精气充盈。性欲为繁衍生命之力，其圣大而悠久，此即夫妇之"礼"也。

世间竟无床笫之欢，鹣蝶之乐？寡人不之信也。

主君，"口之于味也，目之于色也，耳之于声也，鼻之于臭也，四肢之于安佚也，性也，有命焉，君子不谓性也"。(《孟子·尽心下》)此中有深意存焉，望主君深思之。

寡人非只好房中术，实乃求长生之术也。

人之寿命，皆为天定。十岁、二十岁时，血气始盛，肌肉方长；三四十岁，五脏大定，肌肉坚固，血脉盛满，五脏六腑十二经脉，皆大盛以平定；四十岁前后，腠理始疏，荣华颓落；五十岁，肝气始衰；六十岁，心气始衰；七十岁，脾气虚，皮肤枯；八九十岁之后，故言善误，以后五脏皆虚，神气皆去，形骸独居而终矣。(参见《黄帝内经·灵枢·天年》、《黄帝内经·素问·上古天真论》) 臣亦曾闻长生不老之说，然终未见其实。况乃君王应求天道，造福于天下。所谓长生不老神仙术，非君天下事也。

炼金丹、求仙药、房中术、辟谷食气，自古已然，其神仙术似与天道暗合欤？(《左传·昭公二十年》：公曰："古而无死，其乐若何？"晏子对曰："古而无死，则古之乐也，君何得焉？"《韩诗外传》：齐景公游于牛山之上，而北望齐，曰："美哉国乎！郁郁蓁蓁。使古而无死者，则寡人将去此而何之！"俯而泣下沾襟。)

主君，神仙术容或有之，然微臣实未见羽化成仙之人。(《史记·封禅书》：自威、宣、燕昭使人入海求蓬莱、方丈、瀛洲。此三神山者，其传在勃海中，去人不远；患且至，则船风引而去。盖尝有至者，诸仙人及不死之药皆在焉。其物禽兽尽白，而黄金白银为宫阙。未至，望之如云；及到，三神山反居水下。临之，风辄引去，终莫能至云。世主莫不甘心焉。)"故人者，其天地之德，阴阳之交，鬼神之会，五行之秀气也。"(《礼记·礼运》) 人既有生，必有灭，主君何虑之有？

既有鬼，必有神。焉有愿为鬼不为神之理？

主君，此鬼非彼鬼，此神非彼神。此"神"与"鬼"，乃人之"魂"与"魄"。魄为阴，人之形体；魂为阳，人之神气。人之始生，阴阳结合，生耳、目、心、识、手、足运动，啼呼为声，此为魄之灵也。而精、神、性、识，渐有所知，此则附气之神也。故曰："既生魄，阳曰魂。"（参见《左传·昭公七年》及孔颖达注）人之始生，为阴阳之交，鬼神之会；人之寂灭，则阴阳分殊，神鬼离散。魂气归于天，形魄归于地。（参见《礼记·郊特牲》）"鬼神不过阴阳消长而已。亭毒化育，风雨晦冥，皆是。在人则精是魄，魄者鬼之盛也；气是魂，魂者神之盛也。精气聚而为物，何物而无鬼神！"（《朱子语类·卷三·鬼神》）阴阳之气者必有聚散。人为魂气体魄之气聚而生，人之死则为魂魄消散，消散必尽，尽于虚空。阴阳之气聚散流变而生生不已。（《易·系辞上传》：仰以观于天文，俯以察于地理，是故知幽明之故。原始反终，故知生死之说。精气为物，游魂为变，是故知鬼神之情状。）

寡人有闻："彭祖之智，不出尧舜之上，而寿八百。"（《列子·力命》）其事如何？

微臣亦有闻："彭祖献鸡汤，尧帝快朵颐；赐他长寿多，谁知寿多长？"（屈原《天问》："彭铿斟雉，帝何飨？受寿永多，夫何久长？"）人之天年，皆有定数，曰："上寿百二十岁，中寿百，下寿八十。"（《左传·僖公三十二年》孔颖达注："中寿，尔墓之木拱矣。"）传彭祖八百岁，无疾而终，臣不敢断言其无也。

寡人以天命而有天下，若不享天年，岂不有负于天下？

上古之人，其知道者，法于阴阳，和于术数，食饮有节，起居有常，不妄作劳，故能形与神俱，而尽终其天年，度百岁乃去。今时之人不然也，以酒为浆，以妄为常，醉以入房，以欲竭其精，以耗散其真，不知持满，不时御神，务快其心，逆于生乐，起居无节，故半百而衰也。（《黄帝内经·素问·上古天真论》）主君不曾"法于阴阳、和于术数"，今已病入膏肓，不足以享天年，更遑论天命乎？

若能使寡人长生久视，则寡人定不负天下。

主君，"长生久视"与"天下"乃两事也，岂可兼而得之。

寡人闻圣人有曰："吾十有五而志于学，三十而立，四十而不惑，五十而知天命，六十而耳顺，七十而从心所欲，不逾矩。"（《论语·为政》）为何不说"吾五十肝气始衰，肝叶始薄，胆汁始减，目始不明；六十而心气始衰，苦忧悲，血气懈惰，故好卧；七十而脾气虚，皮肤枯"？（参见《黄帝内经·灵枢·天年》）

主君，圣人者，入天人合一之境者也，故不论荣枯生死。

寡人有闻，不论荣枯生死者，岂非神仙者乎？

主君，圣人不论荣枯生死，因其已出入生死，故不可以常理论之。鬼神之说，即是常理。"气也者，神之盛也；魄也者，鬼之盛也；合鬼与神，教之至也。"（《礼记·祭义》）是人则必死，死必归土，此之谓鬼。人死后，"体魄则降，知气在上"，"故天望而地藏也"。人之死乃"体魄"和"知气"之分离，"体魄"归于地，"知气"归于天。人之生是"体魄"与"知气"的结合。"体魄"为"鬼"；"知气"为"神"；二者的结合就是"鬼神之会"。"大凡生于天地之间者，皆曰命。其万物，死皆曰折。人死曰鬼。"（《礼记·祭法》）

寡人死后为鬼，有知抑或无知？

主君，微臣尚在，不敢妄言。欲知死人有知无知，待微臣死后便知。（刘向《说苑·辨物》：子贡问孔子："死人有知无知也？"孔子曰："吾欲言死者有知也，恐孝子顺孙妨生以送死也。欲言无知，恐不孝子孙弃不葬也。赐，欲知死人有知将无知也,死徐自知之,犹未晚也。")

若死后无知,"鬼"其何用?

主君,鬼之有用无用,臣不知也。臣有闻:"未能事人,焉能事鬼?"(《论语·先进》)又闻:"务民之义,敬鬼神而远之,可谓知矣。"(《论语·雍也》)

知鬼神何其难也。寡人主祀多矣,竟为何事?

圣人曰"敬鬼神而远之",此鬼神乃"先人"或"祖考","敬鬼神"者,祭祖先以诚意也。"远之",将此诚意推而广之于人事也。

寡人有闻:"武王有疾……周公于是乃自以为质,设三坛,周公北面立,戴璧秉圭,告于太王、王季、文王。史策祝曰:惟尔元孙王发,勤劳阻疾。若尔三王是有负子之责于天,以旦代王发之身。旦巧能,多材多艺,能事鬼神。"(《史记·鲁周公世家》)此岂非明言周公能事鬼神哉?

以微臣陋见,侍奉"鬼神"即言上天侍奉祖先。所谓"祭则鬼享之"(《孝经·三才》)、"宗庙致敬,鬼神著矣"(《孝经·感应》)、"为之宗庙,以鬼享之"(《孝经·丧亲》),其所说"神"与"鬼",均为先考。武王患病,周公以自身为质,其意,若三位先王欠上天一子,请以周公旦替周王发。

寡人不能无疑。人事难办，鬼事难办？人事好办，鬼事好办？

主君，人事难办。想当然耳。(《朱子语类·鬼神》：鬼神事自是第二著。那个无形影，是难理会底，未消去理会，且就日用紧切处做工夫。子曰："未能事人，焉能事鬼！未知生，焉知死！"此说尽了。此便是合理会底理会得，将间鬼神自有见处。若合理会底不理会，只管去理会没紧要底，将间都没理会了。)

寡人仍不能无疑。鬼可否享人间富贵？

主君，姑且说之：鬼可作威作福，亦可享人间富贵，然须听圣人教诲，遵人间道德仁义。

竟然如此。寡人祭祀用心以诚。然终究恐惧。

主君，有正气在，气定神闲，自是不怕。气虚神散，不怕也难。(《二程遗书·伊川先生语四》：问："世言鬼神之事，虽知其无，然不能无疑惧，何也？"曰："此只是自疑尔。"曰："如何可以晓悟其理？"曰："理会得精气为物、游魂为变，与原始要终之说，便能知也。须是于原字上用功夫。"或曰："游魂为变，是变化之变否？"曰："既是变，则存者亡，坚者腐，更无物也。鬼神之道，只恁说与贤，虽会得亦信不过，须是自得也。"或曰："何以得无恐惧？"曰："须是气定，自然不惑。气未充，要强不得。")有鬼也好，无鬼也好，真诚地作格物、致知、诚意、正心、修身、齐家、治国、平天下的功夫就好。

寡人自知身体亏欠，受风寒暑湿诸邪欺侮。然白日见鬼，其非邪乎？

主君，卫气虚则受寒，荣气虚则受热，神气虚则受鬼。人之神属阳，阳衰则受鬼欺凌，犹风寒之能伤人也。故治寒者壮其阳，治热者养其阴，治鬼者充其神而已。若属触犯鬼神之病，则祈祷可愈。至于冤谴之鬼，则有数端：有自作之孽，深仇不可解者，有祖宗贻累者，有过失伤人者，不可一概而论，此皆非药石祈祷所能治也。（参见徐大椿《医学源流论·病有鬼神论》）

如此说来，此岂非福善祸淫？

主君，"积善之家，必有余庆，积不善之家，必有余殃"。（《易·坤卦·文言》）善有善报，恶有恶报，天道主之，非鬼神也。（《尚书·汤诰》："天道福善祸淫。"）有德者故能致福，失德者故能致祸。（《国语·晋语六》：唯厚德者能受多福。）

以寡人所见，未必如是。常见善未必有善报，恶未必有恶报，天道未必能主之。

主君，微臣有闻："鬼神之为德，其盛矣乎！视之而弗见，听之而弗闻，体物而不可遗。使天下之人，齐明盛服，以承祭祀，洋洋乎！如在其上，如在其左右。诗曰：'神之格思，不可度思，矧可射思！'夫微之显，诚之不可掩如此夫！"（《中庸》）

古昔鬼神盛事竟有如此。寡人主祀多矣，何故不预闻焉？

古昔之时，祭祀祖先，祭祀天地山川诸神及圣贤之神，是为盛世气象。后世为求福避祸而求助鬼神，民心散乱，鬼神亦无所适从，臣以为乃末世之兆。（《左传·桓公六年》："夫民，神之主也。是以圣王先成民而后致力于神。……今民各有心，而鬼神乏主……"）自古以来，鬼神惟可供奉之，祭祀之，未闻可驱使之。

寡人敬畏之、神明之、供奉之尚恐不及，焉敢驱使之？！

"君有疾在腠理，不治将深。"

"寡人无疾。医之好利也，欲以不疾者为功。"

"君有疾在血脉，不治恐深。"

"寡人无疾。"

"君有疾在肠胃间，不治将深。"

"疾之居腠理也，汤熨之所及也；在血脉，针石之所及也；其在肠胃，酒醪之所及也；其在骨髓，虽司

命无奈之何。今在骨髓，臣是以无请也。"（以上见《史记·扁鹊仓公列传》）

　　四月秀葽，五月鸣蜩。八月其获，十月陨萚。
（四月初结子，五月知了叫。八月得收获，十月草木凋。）
　　一之日于貉，取彼狐狸，为公子裘。
（正月出猎貉，猎取得狐狸，可做公子裘。）
　　二之日其同，载缵武功。言私其豵，献豜于公。
（二月众出动，围猎有事功。小猪自家用，大猪献主公。）

　　　　　　　　（《诗·豳风·七月》）

　　他将要进食，突然肚子发胀，如厕时跌倒死去。
（《左传·成公十年》：六月丙午，晋侯欲麦，使甸人献麦，馈人为之。召桑田巫，示而杀之。将食，张，如厕，陷而卒。小臣有晨梦负公以登天，及日中，负晋侯出诸厕，遂以为殉。）
　　先君可用谥号若何？（《逸周书·谥法》：惟周公旦、太公望开嗣王业，建功于牧野之中，终葬，乃制谥叙法。）
　　"谥，行之迹也。"（《说文解字·言部·谥》）"故观其舞，知其德；闻其谥，知其行也。"（《礼记·乐记》）
　　为善者，有功者，则有神、圣、贤、文、武、昭、庄、恭、烈等美谥；若夭折或志向未伸，有悼、愍、哀、幽、怀、殇等平谥；如品行不端，有悖礼义，有灵、厉、戾、炀等恶谥。

先君，为何死不瞑目？

寡人得此"灵"之恶谥，如何去见列祖列宗？（《左传·文公元年》：冬十月，以宫甲围成王。王请食熊蹯而死，弗听。丁未，王缢，谥之曰灵，不瞑；曰成，乃瞑。）追怀一生，似未昭德有劳，容仪恭美，圣闻周达，似未可曰"昭"；在国遭忧，在国逢难，使民折伤，祸乱方作，亦似未可曰"康"；似未夙夜警戒，夙夜恭事，象方益平，善合法典，亦似未可曰"敬"；去礼远众，好内远礼，好内怠政，亦似未可曰"定"。然则，"身体发肤，受之父母，不敢毁伤，孝之始"。（《孝经·开宗明义章》）寡人全身而殁，似可以"孝"字盖棺论定。

先君，"无念尔祖，聿修厥德"（《诗·大雅·文王》），此天子之孝，非祖宗保佑赐福。"爱亲者不敢恶于人，敬亲者不敢慢于人。爱敬尽于事亲，而德教加于百姓，刑于四海，盖天子之孝也。《甫刑》云：'一人有庆，兆民赖之。'"（《孝经·天子章》）请先君以此度之。

蓼蓼者莪，匪莪伊蒿。哀哀父母，生我劬劳。
（繁茂抱娘蒿，本不是青蒿。哀怜我爹娘，生我何辛劳。）

颂

蓼蓼者莪,匪莪伊蔚。哀哀父母,生我劳瘁。
(繁茂抱娘蒿,本不是牡蒿。哀怜我爹娘,生我何瘁劳。)

瓶之罄矣,维罍之耻。鲜民之生,不如死之久矣。
(小瓶无滴酒,此乃大坛羞。人之生也难,不如身速朽。)
无父何怙,无母何恃。出则衔恤,入则靡至。
(无父何所依,无母何所恃。出门但含悲,回家不忍进。)

父兮生我,母兮鞠我。拊我畜我,长我育我。
(有父生我命,有母怀我身。抚我且养我,教我且育我。)
顾我复我,出入腹我。欲报之德,昊天罔极。
(顾我且护我,进出怀抱我。欲报此恩德,恩德如天阔。)

南山烈烈,飘风发发。民莫不穀,我独何害。
(南山高巍巍,狂风起阵阵。他人皆有谷,我何独命苦。)
南山律律,飘风弗弗。民莫不穀,我独不卒。
(南山高峨峨,狂风吹烈烈。他人皆有粮,我何不终养。)

(《诗·小雅·蓼莪》)

其父被先君所妄杀,其人每读至"哀哀父母,生我劬劳",不禁声泪俱下,不能终篇。(《晋书·孝友·王衰》：王衰……痛父非命，未尝西向而坐，示不臣朝廷也。于是隐居教授，三征七辟皆不就。庐于墓侧，旦夕常至墓所拜跪，攀柏悲号，涕泪著树，树为之枯。……读《诗》至"哀哀父母，生我劬劳"，未尝不三复流涕，门人受业者并废《蓼莪》之篇。）

微臣窃以为，先君之孝，非此《蓼莪》之孝也。

寡人或有妄杀，然君臣大义何在？"君，尊也"（《说文解字·口部·君》），"君，至尊也"（《仪礼·丧服》子夏传），"赏庆刑威曰君"（《左传·昭公二十八年》）。"臣，牵也。事君者，象屈服之形"（《说文解字·臣部·臣》），"仕于公曰臣"（《礼记·礼运》），"事君不贰是谓臣"（《国语·晋语四》）。忠孝固不两立，然实难两全，自古已然。寡人只要一个"孝"字，否则誓不瞑目。

先君，"君臣之义"可有另解。"主病之为君，佐君之为臣，应臣之为使，非上下三品之谓也。"（《黄帝内经·素问·至真要大论》）上药为君，主养命；中药为臣，主养性；下药为佐使，主治病；用药须合君臣佐使。（参见《神农本草经·序例》）此"君臣之义"为用药之理。

微臣亦闻，"君使臣以礼，臣事君以忠"（《论语·八佾》），"君之视臣如手足，则臣视君如腹心；君之视臣如犬马，则臣视君如国人；君之视臣如土芥，则臣视君如寇仇"(《孟子·离娄下》)。请看，这是什么？

寡人看这无非是刀剑，爱卿可有弑君之意否？"世衰道微，邪说暴行有作，臣弑其君者有之，子弑其父者有之。孔子惧，作《春秋》。《春秋》，天子之事也。"(《孟子·滕文公下》)

先君岂非"子弑其父者有之"者乎？先君可知"天子之事"何事也？

还是让寡人回宗庙自裁，让后人知道寡人今日之耻！

请问先君宗庙之鼎所重几何？

五月斯螽动股，六月莎鸡振羽。七月在野，八月在宇。

（五月斯螽叫，六月纺织娘声高。七月在田野，八月屋宇下。）

九月在户，十月蟋蟀入我床下。

（九月进了屋，十月蟋蟀入我床下。）

穹窒熏鼠，塞向墐户。嗟我妇子，曰为改岁，入此室处。

（堵缝熏老鼠，防寒堵窗户。叹我妻与子，一年到除夕，方才归家住。）

六月食郁及薁，七月亨葵及菽。八月剥枣，十月获稻。
（六月里吃野果，七月豆菜煮在锅。八月里打枣，十月里收稻。）

为此春酒，以介眉寿。
（酿成开春酒，开怀祝长寿。）

七月食瓜，八月断壶，九月叔苴，采荼薪樗，食我农夫。
（七月吃窝瓜，八月割葫芦，九月麻子熟，打柴采苦菜，填饱我农夫。）

九月筑场圃，十月纳禾稼。黍稷重穋，禾麻菽麦。
（九月修谷场，十月纳稻粱。黍子与高粱，禾麻与豆麦。）

嗟我农夫，我稼既同，上入执宫功。
（叹我农夫苦，庄稼刚收场，又忙主公堂。）

昼尔于茅，宵尔索绹。亟其乘屋，其始播百谷。
（白天修屋茅，夜晚搓绳草。抓紧修房屋，开春还需种百谷。）

（《诗·豳风·七月》）

"礼祭天子九鼎，诸侯七、大夫五、元士三也。"

(《春秋公羊传·桓公二年》何休注）所问者，九鼎？七鼎？五鼎？三鼎？

据九鼎，按图籍，挟天子以令天下，天下莫敢不听，此王业也。(《战国策·秦策》)

此乃天下事也。鼎乃神器，承受上天福佑，有德则有天下，无德则丧天下，故不论鼎之轻重。上天赐福冥冥中有定数，此乃天命，非人力可为。故天下事，有可问者，有不可问者；有可知者，有不可知者。（《左传·宣公三年》：楚子伐陆浑之戎，遂至于洛，观兵于周疆。定王使王孙满劳楚子。楚子问鼎之大小轻重焉。对曰："在德不在鼎。昔夏之方有德也，远方图物，贡金九牧，铸鼎象物，百物而为之备，使民知神奸。故民入川泽山林，不逢不若，螭魅罔两，莫能逢之。用能协于上下，以承天休。桀有昏德，鼎迁于商，载祀六百，商纣暴虐，鼎迁于周。德之休明，虽小，重也。其奸回昏乱，虽大，轻也。天祚明德，有所厎止。成王定鼎于郏鄏，卜世三十，卜年七百，天所命也。周德虽衰，天命未改，鼎之轻重，未可问也。"）

上古时先祖治水成，"九州攸同"，"四海会同"，（《尚书·禹贡》）乃收集九州之铜，铸成九鼎，以祀上帝鬼神。然则，天下有德，鼎乃出；无德，乃没。至今此九鼎已有数迁。敢问现在何处？(《史记·封禅书》：有司皆曰:"闻昔泰帝兴神鼎一,一者壹统,天地万物所系终也。黄帝作宝鼎三,象天地人。禹收九牧之金,铸九鼎。皆尝亨鬺上帝鬼神。遭圣则兴,鼎迁于夏商。周德衰,宋之社亡,鼎乃沦没,伏而不见。")

丝衣其紑,载弁俅俅。自堂徂基,自羊徂牛。
(祭服色鲜亮,祭帽显端祥。恭步堂上下,献祭牛与羊。)
鼐鼎及鼒,兕觥其觩。旨酒思柔,不吴不敖,胡考之休。
(列鼎大中小,酒器曲且长。美酒清复柔,勿喧勿倨傲,降我寿与祥。)

(《诗·周颂·丝衣》)

方今天下群雄四起,或问鼎于中原,或造神器以逐鹿。(《史记·楚世家》庄王曰:"子无阻九鼎!楚国折钩之喙,足以为九鼎。")虽有美酒佳肴,然寡人食不甘味,如之何也?

先君,食不甘味,乃脾胃虚寒。中央黄色,入通于脾,其味甘,其臭香。(参见《黄帝内经·素问·金匮真言论》)脾属土,而土位居中央,生长以滋养万物。"人无胃气曰逆,逆者死。"(《黄帝内经·素问·平人气象论》)

不宜慎乎？

鱼，人所欲也，熊掌，亦人所欲也；二者不可得兼，问我寡人，舍鱼而取熊掌抑或舍熊掌而取鱼耶？

事到如今，鱼，非寡人所欲也，熊掌，亦非寡人所欲也。寡人所欲者，江山也。先曾闻"治大国若烹小鲜"。(《老子》第六十章)"谁能烹鱼？溉之釜鬵。"(《诗·桧风·匪风》)失江山后方知"亨鱼烦则碎，治民烦则散，知亨鱼，则知治民矣"；(《诗·桧风·匪风》毛传。"亨"通"烹")"躁则多害，静则全真，故其国弥大，而其主弥静，然后乃能广得众心矣"。(《老子》第六十章：王弼注："治大国若烹小鲜。")然则，"春秋之中，弑君三十六、亡国五十二，诸侯奔走，不得保其社稷者，不可胜数"。(《史记·太史公自序》)每念及此，寡人胆战心惊，四肢厥冷，尿频不禁，寝不安席。

先君，"心惊胆战，寝不安席"乃肾虚之症。肾主藏精，主骨髓，主二阴，主水，开窍于耳，其华在发。其为先天之本，内藏元阴元阳，水火之脏，命门出焉。"肾者，作强之官，伎巧出焉。"(《黄帝内经·素问·灵兰秘典论》)惊恐伤肾，气陷于下，精气不能上奉，水火升降不交，故心神不安，夜不能寐，以至精遗骨萎。(参见《黄帝内经·素问·阴阳应象大论》、《黄帝内

颂·雅·风

经·素问·举痛论》)

　　肾虚者其无后乎？寡人肾水枯竭，难以延续龙脉。寡人继统于叔。叔与大臣妻私通被弑。叔庶出，娶其舅之女，实为表姐，只生一女。叔亦继统于其叔，即寡人二祖爷，他未吃到新麦如厕而死。其五后妃来自敌国，三者乃姑侄。太子因新立皇后而死。绝嗣者其国可继乎？

　　二之日凿冰冲冲，三之日纳于凌阴。
　　（二月凿冰忙又忙，三月冰块窖里藏。）
　　四之日其蚤，献羔祭韭。
　　（四月方伊始，献祭羔羊和韭菜。）
　　九月肃霜，十月涤场。
　　（九月寒霜降，十月清谷场。）
　　朋酒斯飨，曰杀羔羊。
　　（有酒有宴场，此时宰羔羊。）
　　跻彼公堂，称彼兕觥，万寿无疆！
　　（登上公爷堂，酒杯亮光光，喊一声"万寿无疆"！）

　　　　　　　　　　（《诗·豳风·七月》）

　　当年祖宗一统天下，赐福子孙"万寿无疆"，今日如同谶语。其鼎革之际，以水为德，即有"代火者必将水，天且先见水气胜"之谶语。所胜者，火也。先朝火气盛，以火德王天下。火气衰，水气出而流布于天下，而国朝立焉。寡人肾水枯竭，即为水德衰微之征乎？（《吕氏春秋·有始览·应同》：凡帝王者之将兴也，天必先见祥乎下民。黄帝之时，天先见大螾大蝼，黄帝曰："土气胜！"土气胜，故其色尚黄，其事则土。及禹之时，天先见草木秋冬不杀，禹曰："木气胜！"木气胜，故其色尚青，其事则木。及汤之时，天先见金刃生于水，汤曰："金气胜！"金气胜，故其色尚白，其事则金。及文王之时，天先见火，赤乌衔丹书集于周社，文王曰："火气胜！"火气胜，故其色尚赤，其事则火。代火者必将水，天且先见水气胜。水气胜，故其色尚黑，其事则水。水气至而不知，数备将徙于土。）

先君，此岂非天意耶？呜呼，盛衰之理，虽曰天命，岂非人事哉！"天下之生久矣，一治一乱。"（《孟子·滕文公下》）"自古有一代之治，则必有一代之乱；有一代之兴，则必有一代之亡。治乱兴亡之故，虽曰人事，岂非天命哉！"（计六奇《明季北略·自序》）

寡人略知，"三王之道若循环，终而复始"。（《史记·高祖本纪》"太史公曰"）"禹、汤罪己，其兴也悖焉；桀、纣罪人，其亡也忽焉。"（《左传·庄公十一年》）故知王者之兴亡、朝代之更替,自有其位其德。非人力可以勉强也。

先君,木火土金水,"五行相次转用事"(《史记·封禅书》:裴骃《史记集解》引如淳说邹衍),此之谓也。

寡人无德,故拱手将天下与人也!

先君,可有天子以天下与人之事耶?(《孟子·万章上》:万章曰:"尧以天下与舜,有诸?"孟子曰:"否。天子不能以天下与人。""然则舜有天下也,孰与之?"曰:"天与之。")

当初祖宗南面而治天下,"立权度量,考文章,改正朔,易服色,殊徽号,异器械,别衣服,此其所得与民变革者也"。(《礼记·大传》)正不知新朝用何正朔,用何服色?(《礼记·大传》孔颖达注:"改正朔者,正谓年始,朔谓月初,言王者得政,示从我始,改故用新,随寅、丑、子所建也。")

彼黍离离,彼稷之苗。行迈靡靡,中心摇摇。
知我者谓我心忧,不知我者谓我何求。
悠悠苍天,此何人哉!

彼黍离离,彼稷之穗。行迈靡靡,中心如醉。
知我者谓我心忧,不知我者谓我何求。

悠悠苍天,此何人哉!

彼黍离离,彼稷之实。行迈靡靡,中心如噎。
知我者谓我心忧,不知我者谓我何求。
悠悠苍天,此何人哉!

(《诗·王风·黍离》)

其人行役于旧地,禾黍遍地,野草丛生,满眼断井残垣,废池荒冢,宗庙坍塌,故国沦废。于是歌曰:"天之所支,不可坏也。其所坏,亦不可支也。"(《国语·周语下》引《周诗》)

有人负杖逍遥于门,云:"天何言哉?四时行焉,百物生焉,天何言哉?"(《论语·阳货》)

其人已见东海三为桑田。向到蓬莱,水又浅于往者略半也,岂将复还为陵陆乎?

圣人皆言海中复扬尘也。

雅

雅者，正也。言王政之所由废兴也。(《诗大序》)

雅者，古正也。(董仲舒《白虎通·礼乐》)

雅，正也。言今之正者，以为后世法。(《周礼·春官·大师》郑玄注："大师教六诗：曰风、曰赋、曰比、曰兴、曰雅、曰颂。")

雅，万舞也。万也、南也、籥也，三舞不僭，言进退之旅也。周乐尚武，故谓万舞为雅。(《诗·小雅·鼓钟》郑玄注："以雅以南，以籥不僭。")

雅，状如漆筲而弇口，大二围，长五尺六寸，以羊韦鞔之，有两纽疏画。(《周礼·春官·笙师》郑玄注)

《尔雅》，尔，昵也；昵，近也。雅，义也；义，正也。五方之言不同，皆以近正为主也。(刘熙《释名·释典艺》)

雅，仪也；娴，雅也。(顾野王《玉篇》)

风雅之"雅"，其本字当作"夏"无疑。《说文》："夏，中国之人也。"雅音即夏音，犹言"中原正声"云尔。(梁启超《释四诗名义》)

"暮春者，春服既成，冠者五六人，童子六七人，浴乎沂，风乎舞雩，咏而归。"(《论语·先进》)

其人遥望，只见人欲尽处天理流行，乃圣人气象也。(朱熹《论语集注·先进》：而其胸次悠然，直与天地万物上下同流，各得其所之妙，隐然自见于言外，视三子之规规于事为之末者，其气象不侔矣。)

出其东门，有女如云。虽则如云，匪我思存。
（闲步出东门，有女聚如云。虽则聚如云，皆非我思存。）
缟衣綦巾，聊乐我员。
（素衣结绿巾，聊可动我心。）

出其闉闍，有女如荼。虽则如荼，匪我思且。
（闲步城台路，有女白如荼。虽则白如荼，皆非我所虑。）

缟衣茹藘，聊可与娱。
（素衣配绛裙，聊可相与娱。）

（《诗·郑风·出其东门》）

圣人千言万语只是教人存天理，灭人欲。（朱熹《朱子语类·卷十二·学六》）学者须是革尽人欲，复尽天理，方始为学。（朱熹《朱子语类·卷十三·学七》）

"聊乐我员"岂非人欲乎？"聊可与娱"有悖天理耶？

"天地氤氲，万物化醇；男女媾精，万物化生。"（《易·系辞下传》）此非天理乎？

天理者，惟精惟一。"天地氤氲，气交也，专一而不二，故曰醇；男女媾精，形交也，专一而不二，故化生。夫天地男女两也，氤氲媾精以合一，亦两也，所以成化醇化生之功。"（来知德《易经来注图解·系辞下传》）

"聊乐我员"可谓专一乎？"聊可与娱"可谓不二乎？

咸卦，咸，感也。交感、感通、感应之意。少男（下艮）少女（上兑）相感尤易。"天地感而万物化生，圣人感人心而天下和平。观其所感，而天地万物之情可见矣。"（《易·咸卦·彖》）

雅

弟子观"咸卦"爻辞：初六，咸其拇；六二，咸其腓；九三，咸其股，执其随；九四，贞吉，悔亡；九五，咸其脢；上六，咸其辅、颊、舌。弟子试解之：拇，足大指也。腓，小腿肚也。股，大腿也。脢，背部也。辅，上颌也。咸为感，则爻辞可解为"感其足大指；感其小腿肚；感其大腿；感其背；感其上颌、脸颊、舌"，似指男女交合之事。圣人岂有深意乎？

弟子以为，咸卦之主旨，以少男少女相感之理，阐明事物感应之道。万类交感以诚，男女相感以正，必以贞而后吉。以天地生生之道而包容万物，各从其类，更论知进退存亡而不失其正者，此乃圣人之本意也。（《易·乾卦·文言》：子曰："同声相应，同气相求。水流湿，火就燥，云从龙，风从虎。圣人作而万物睹。本乎天者亲上，本乎地者亲下，则各从其类也。"）

天生烝民，有物有则。民之秉彝，好是懿德。
（上天育生民，万事有法则。人皆有本性，存乎好美德。）

天监有周，昭假于下。保兹天子，生仲山甫。
（天察周王朝，昭明施天下。保佑周天子，故有仲山甫。）

仲山甫之德，柔嘉维则。令仪令色，小心翼翼。

73

（仲山甫有德，温良行法则。美仪兼悦色，小心且翼翼。）

古训是式，威仪是力。天子是若，明命使赋。
（古训如法式，威仪即威力。天子降谕旨，明命委政使。）

王命仲山甫，式是百辟。缵戎祖考，王躬是保。
（王命仲山甫，示范众诸侯。继承先祖业，王朝赖辅佑。）
出纳王命，王之喉舌。赋政于外，四方爰发。
（受命传王令，天子代言人。政令宣畿外，四方皆遵顺。）

肃肃王命，仲山甫将之。邦国若否，仲山甫明之。
（肃正有王命，仲山甫施行。诸侯好与否，仲山甫察明。）
既明且哲，以保其身。夙夜匪解，以事一人。
（明达又睿智，以此保其身。早晚不懈怠，惟只奉一人。）

人亦有言："柔则茹之，刚则吐之。"
（世间常有言："弱者有人欺，强者有人惧。"）
维仲山甫，柔亦不茹，刚亦不吐。不侮矜寡，不畏强御。
（然有仲山甫，弱者不相欺，强者亦不惧。鳏寡不相辱，强暴亦不畏。）

人亦有言:"德輶如毛。民鲜克举之。"我仪图之。
(世间常有言:"德行毛羽轻,少有人奉举。"我且细揣度。)

维仲山甫举之,爱莫助之。衮职有阙,维仲山甫补之。
(唯仲山甫奉举,德隐人难助。帝王事有损,惟仲山甫救补。)

仲山甫出祖,四牡业业。征夫捷捷,每怀靡及。
(仲山甫出祭,四马威烈烈。征战频传捷,常念功未即。)
四牡彭彭,八鸾锵锵。王命仲山甫,城彼东方。
(四马蹄声震,鸾铃响铿锵。王命仲山甫,筑城在东方。)

四牡骙骙,八鸾喈喈。仲山甫徂齐,式遄其归。
(四马疾如风,鸾铃响叮叮。仲山甫赴齐,功毕早归程。)
吉甫作诵,穆如清风。仲山甫永怀,以慰其心。
(吉甫作诗诵,和美如清风。仲山甫长忧患,此诗慰其心。)

(《诗·大雅·烝民》)

天下自有其理,人事有所加焉?"故有无相生,难易相成,长短相形,高下相倾,音声相和,先后相随。"(《老子》第二章)万物相互依存,因此有天地人。

美丑、善恶、真伪亦复如是。倘若天地间纯乎是真善美，此为天地否？此为人间否？万物如何生焉？若天下人皆以圣人之美为美，以圣人之善为善，以圣人之真为真，其美其善其真又何在焉？（《老子》第二章：天下皆知美之为美，斯恶已；皆知善之为善，斯不善已。）"是以圣人处无为之事，行不言之教。"（《老子》第二章）

老先辈，后学有请教者焉。若无人欲，确乎本无美与不美，善与不善。"故人者，天地之心也，五行之端也，食味、别声、被色而生者也。"（《礼记·礼运》）人有大欲存焉，必起分别取舍好尚之心，必有善恶美丑之名耳。有西施颦美，故有东施爱而效之，似无东施颦丑而西施恶而效之理。爱美之心，人皆有之。此即是有为。圣人处有为之世，如何行无为之法？如天地以无心而生物，即万物皆往资焉，则圣人以有心而御世，而天下治焉。

圣人之心从何而来？若以一己之心，替代天下之心，以一己之功，替代造化之功，可乎？无非以百姓之心为心，以百姓之利为利，以百姓之害为害，岂有它哉？！（《老子》第四十九章：圣人无常心，以百姓之心为心。……圣人在天下，歙歙焉，为天下浑其心，百姓皆注其耳目，圣人皆孩之。）故此，圣人治天下，"为无为，则无

不治"。(《老子》第三章)

老先辈，后学有请教者焉。百姓之心是何心？百姓之利是何利？百姓之害是何害？若圣人知之，岂非以圣人之心知之？圣人之心是何心？圣人以诚待物，非不见人之善恶美丑，非不知"人心惟危"，是乃必昭示天地之大德，替天行道而已。圣人必有是非之分别。有此分别，则必行有言之教以化民。

不尚贤，使民不争；不贵难得之货，使民不为盗；不见可欲，使民心不乱。是以圣人之治，虚其心，实其腹，弱其志，强其骨。常使民无知无欲；使夫智者不敢为也。(《老子》第三章)

老先辈，后学不能无疑。"口之于味也，目之于色也，耳之于声也，鼻之于臭也，四肢之于安佚也，性也。"(《孟子·尽心下》)故"饮食男女，人之大欲存焉"。(《礼记·礼运》)"若夫目好色，耳好声，口好味，心好利，骨体肤理好愉佚，是皆生于人之性情者也；感而自然，不待事而后生者也。"(《荀子·性恶》)是故，"人生而有欲，欲而不得，则不能无求，求而无度量分界，则不能不争。争则乱，乱则穷。先王恶其乱也，故制礼义以分之，以养人之欲，给人之求"。(《荀子·礼论》)以后学之愚揣测老先辈，是教在上者使民不见名利有可欲，则民各安其志，而心不乱矣。然则财色名食，本是可欲之物，呜呼！防民之欲胜于防川也。而人欲之者，盖由人心思虑所求者，以一人不言之教，消弭千百亿人声色货利之欲，可乎？

五色令人目盲，五音令人耳聋，五味令人口爽，驰骋畋猎令人心发狂，难得之货令人行妨。是以圣人，为腹不为目，故去彼取此。（《老子》第十二章）

以后学之愚揣测老先辈，乃在摒弃物欲之害，而离欲之行不过一饱而已，此即"为腹不为目"。然人与禽兽何异焉？"鹦鹉能言，不离飞鸟；猩猩能言，不离禽兽。今人而无礼，虽能言，不亦禽兽之心乎！夫惟禽兽无礼，故父子聚麀。是故圣人作，为礼以教人，使人以有礼，知自别于禽兽。"（《礼记·曲礼上》）圣人制礼作乐，岂无深意焉？人欲者，固有眼耳鼻舌身之所欲，然其非心之所欲乎？心之所欲，非止于眼耳鼻舌身，恻隐、羞恶、辞逊、是非"四端"，亦是人心之所欲。以此所欲而制眼耳鼻舌身之所欲，达于仁义礼智而成化境，岂非圣人之意乎？（《孟子·尽心下》：可欲之谓善，有诸己之谓信，充实之谓美，充实而有光辉之谓大，大而化之之谓圣，圣而不可知之之谓神。张栻《癸巳孟子说》卷七：可欲者，动之端也。盖人具天地之性，仁义礼智之所存，其发见，则为恻隐、羞恶、辞逊、是非，所谓可欲也。以其渊源纯粹，故谓之善。）

故圣人云：我无为而民自化；我好静而民自正；我无事而民自富；我无欲而民自朴。（《老子》第五十七章）小国寡民，使有什伯之器而不用。使民重死而不远徙，虽有舟舆，无所乘之。虽有甲兵，无所陈之；使民复结绳而用之。至治之极。甘其食，美其服，安其居，乐其俗。邻国相望，鸡犬之声相闻，民至老死，不相往来。（《老子》第八十章）若此，何争之有？

老先辈，后学不能无疑。上古世风淳厚，人人修敬敦睦，互让互助，天下远近小大若一。此太古之化，容或有之。以后学之愚揣测老先辈之用心，在于疾当世之弊，皆用智刚强，好争尚利，自私奉己，而王者荒淫贪婪，不恤于民。以至世道浇漓，政治荒乱，兵戈不息，虎狼遍地，血流漂杵，生灵涂炭。所以老先辈反推上古鸿荒之化。然则远古至德之世其可复焉？以"小国寡民"救衰世、治乱世，不亦梦寐乎？

当今之世，有灾异层出不穷，此即所谓"获罪于天，无所祷也"。我先师曰："一日克己复礼，天下归仁焉。"（《论语·颜渊》）圣人上探天意，下明得失，故有《春秋》立一代新王。（邵康节《皇极经世书·观物篇五十六》：人谓仲尼惜乎无土，吾独以为不然。匹夫以百亩为土，大夫以百里为土，诸侯以四境为土，天子以四海为土，仲尼以万世为土。若然，则孟子言："自生民以来，未有如夫子。"斯亦未谓之过矣。）

此新王何许人哉？其无乃圣人乎？（《庄子·逍遥游》：名者实之宾也，吾将为宾乎？）天下有道，圣人成焉；天下无道，圣人生焉。方今之时，仅免刑焉。福轻乎羽，莫之知载；祸重乎地，莫之知避。（《庄子·人间世》）

前辈，后学不能无疑。中国有一大因缘，故圣人莅临当世，岂可以祸福度之？天下有道，圣人伏焉；天下无道，圣人出焉。其人"以诗书礼乐教，弟子盖三千焉，身通六艺者七十有二人"。（《史记·孔子世家》）后世尊为"至圣先师"。（《孟子·万章下》：孔子，圣之时者也。《孟子·公孙丑上》：出于其类，拔乎其萃，自生民以来，未有盛于孔子也。《史记·孔子世家》：太史公曰：诗有之："高山仰止，景行行止。"虽不能至，然心乡往之。余读孔氏书，想见其为人。适鲁，观仲尼庙堂车服礼器，诸生以时习礼其家，余只迴留之不能去云。天下君王至于贤人众矣，当时则荣，没则已焉。孔子布衣，传十余世，学者宗之。自天子王侯，中国言六艺者折中于夫子，可谓至圣矣！）

若夫乘天地之正，而御六气之辩，以游无穷者，彼且恶乎待哉！故曰：至人无己，神人无功，圣人无名。(《庄子·逍遥游》)有天人者，"游无穷者"也。"藐姑射之山，有神人居焉；肌肤若冰雪，绰约若处子；不食五谷，吸风饮露；乘云气，御飞龙，而游乎四海之外；其神凝，使物不疵疠而年谷熟。"(《庄子·逍遥游》)此新王与此"神人"若何？

前辈，后学不能无疑。"不食五谷，吸风饮露"，其为"辟谷"欤？"四海之外"，其在六合之内欤？其在六合之内，可为人世间欤？其若在人世间外，似不可以人道论之也。

六合之外，圣人存而不论；六合之内，圣人论而不议；春秋经世先王之志，圣人议而不辩。(《庄子·齐物论》)

前辈，后学不能无疑。"上下四方为宇，古往今来为宙。"(《淮南子·原道篇》高诱注："纮宇宙而章三光。")可知此"宇宙"乃为人世间也。"六合者，谓天地四方也。"(《庄子·齐物论》成玄英注："六合之外。")上下四方如何究竟？六合之外如何究竟？宇其大无外，谁能包之？宙无始终，孰能尽之？(《列子·汤问》：殷汤曰："然则上下八方有极尽乎？"革曰："不知也。"汤固问。革曰："无则无极,有则有尽,朕何以知之?然无极之外复无无极,无尽之中复无无尽。无极复无无极,无尽复无无尽。朕以是知其无极无尽也,而不知其有极有尽也。")若夫此"神人"不出世间,其"神"何在?

瞽者无以与乎文章之观,聋者无以与乎钟鼓之声。岂唯形骸有聋盲哉?夫知亦有之!是其言也,犹时女也。(《庄子·逍遥游》)

前辈,后学不能无疑。圣人其乎神也欤?有曰:"人胸中各有个圣人。只自信不及,自己埋没了自己。此是自家都有的,不要推辞。良知在人,随你如何不能泯灭。"(参见王阳明《传习录下》)只须发心作圣人,诵圣人之言,行圣人之行,即是圣人。(《孟子·告子下》:曹交问曰:"人皆可以为尧舜,有诸?"孟子曰:"然。")故有言:"宇宙便是吾心,吾心即是宇宙。东海有圣人出焉,此心同也,此理同也;西海有圣人出焉,此心同也,此理同也;南海、北海有圣人出焉,此心同也,此理同也。千百世之上至千百世之下,有圣人出焉,此心此理,亦莫不同也。"(陆九渊《陆象山全集·象山先生行状》)

圣人,吾不得而见之矣,得见君子者,斯可矣。(《论语·述而》)

雅

喓喓草虫,趯趯阜螽。未见君子,忧心忡忡。
(嘤嘤鸣草虫,蚱蜢跳汹汹。未见我君子,忧心故忡忡。)

亦既见止,亦既觏止,我心则降。
(相见恰如今,相逢正此时,我心始从容。)

陟彼南山,言采其蕨。未见君子,忧心惙惙。
(登彼南之山,其山可采蕨。未见我君子,忧心故惙惙。)

亦既见止,亦既觏止,我心则说。
(相见恰如今,相逢正此时,我心始悦愉。)

陟彼南山,言采其薇。未见君子,我心伤悲。
(登彼南之山,其山可采薇。未见我君子,我心徒伤悲。)

亦既见止,亦既觏止,我心则夷。
(相见恰如今,相逢正此时,我心始闲怡。)

(《诗·召南·草虫》)

其人能自己吃饭时,教其用右手;("子能食食,教以右手")能说话时,教恭敬;("能言,男唯女俞")六岁,教识数,识东西南北;("六年,教之数与方名")七岁,教男女有别;("七年,男女不同席,不共食")八岁,教礼让;("八年,出入门户,及即席饮食,必后长者,始

83

教之让")九岁,教天干地支;("九岁,教之数日")十岁,出外求学,住宿于外,认字读书,不穿帛制衣服,遵已习得谦让之礼,朝夕演习尊长礼仪,习写简牍;("十年,出就外傅,居宿于外,学书记,衣不帛襦绔,礼帅初,朝夕学幼仪,请肄简谅")十三岁学乐,诵《诗》,习文舞;("十有三年,学乐,诵《诗》,舞《勺》")十五岁习武舞,习射箭御车。("成童,舞《象》,学射御")(以上引自《礼记·内则》)

其人二十而冠。"凡人之所以为人者,礼义也。礼义之始,在于正容体、齐颜色、顺辞令。容体正、颜色齐、辞令顺,而后礼义备。"(《礼记·冠义》)

弟子今日行士冠礼,请诸位尊长、前辈、先生、乡贤不吝指教。

君子正其衣冠,尊其瞻视,俨然人望而畏之,斯不亦威而不猛乎?(《论语·尧曰》)

后生,汝似非天才也。吾望之者,取其笃实也。忠信可以学礼,笃实可以成学,谨记粗浮之病可也。(《国语·晋语六》:赵文子冠,见栾武子,武子曰:"美哉!昔吾逮事庄主。华则荣矣,实之不知,请务实乎。")

后生,少小不努力,老大徒伤悲,此非虚言也。(《国语·晋语六》:见中行宣子,宣子曰:"美哉!惜也,吾老矣。")

雅

　　后生，圣人一日三省吾身，汝小子可一日一省自身，或可知"戒惧"之奥义也。(《国语·晋语六》：文子曰："而今可以戒矣。夫贤者宠至而益戒，不足者为宠骄。")

　　后生，世事艰危，唯一心向善或可避祸全身。人各有命，然此中因果亦在人为也。(《国语·晋语六》：献子曰："戒之，此谓成人。成人在始与善。始与善，善进善，不善蔑由至矣；始与不善，不善进不善，善亦蔑由至矣。")

　　后生，"光大门楣"其意如何？(《国语·晋语六》：武子曰："吾子勉之，成、宣之后而老为大夫，非耻乎！成子之文、宣子之忠，其可忘乎！")

　　晚辈略知，有三不朽之说："'太上有立德，其次有立功，其次有立言。'虽久不废，此之谓不朽。若夫保姓受氏，以守宗祊，世不绝祀，无国无之。禄之大者，不可谓不朽。"(《左传·襄公二十四年》)

瞻彼旱麓，榛楛济济。岂弟君子，干禄岂弟。
（远眺彼山麓，平林何茂密。和易其君子，求福以和易。）

瑟彼玉瓒，黄流在中。岂弟君子，福禄攸降。
（鲜亮彼玉瓒，祭酒在其中。和易其君子，福禄何其荣。）

85

鸢飞戾天,鱼跃于渊。岂弟君子,遐不作人?
(鹰飞击长天,鱼跃潜深渊。和易其君子,何人已加冠?)

清酒既载,骍牡既备。以享以祀,以介景福。
(清酒即已满,牺牲即已入。配享并祭祀,以此求鸿福。)

瑟彼柞棫,民所燎矣。岂弟君子,神所劳矣。
(平林何其密,百姓烧以祭。和易其君子,祥福乃神赐。)

莫莫葛藟,施于条枚。岂弟君子,求福不回。
(葛藤蔓且延,缠绕枝与干。和易其君子,求福辟邪奸。)

(《诗·大雅·旱麓》)

弟子已学礼、乐、射、御、书、数,可否安身立命?(《论语·宪问》:子路问成人。子曰:"若臧武仲之知,公绰之不欲,卞庄子之勇,冉求之艺,文之以礼乐,亦可以为成人矣。")

见利思义,见危授命,久要不忘平生之言,亦可以为成人矣。(《论语·宪问》)

"赡彼淇澳,绿竹猗猗。有匪君子,如切如磋,如琢如磨。"(《诗经·卫风·淇澳》)其意如何?

如切如磋者，道学也，如琢如磨者，自修也。（《大学》）玉不琢不成器也。"君子尊德性而道问学"，（《中庸》）"尊德性"者，"天命之为性"，"率性之为道"也；"道问学"者，"博学之，审问之，慎思之，明辨之，笃行之"也。（《中庸》）君子尊德性，其如玉也；道问学，如治玉也。（《毛传》：道其学而成也，听其规谏以自修，如玉石之见琢磨也。《荀子·大略》：人之于文学也，犹玉之于琢磨也。诗曰："如切如磋，如琢如磨。"谓学问也。）

隰有苌楚，猗傩其枝。夭之沃沃，乐子之无知。
（泽地有羊桃，摇曳其干枝。其枝也繁沃，羡你无所知。）

隰有苌楚，猗傩其华。夭之沃沃，乐子之无家。
（泽地有羊桃，摇曳其繁花。其花也繁沃，羡你无室家。）

隰有苌楚，猗傩其实。夭之沃沃，乐子之无室。
（泽地有羊桃，摇曳其果实。其果也繁沃，羡你无家室。）

（《诗·桧风·隰有苌楚》）

吾生也有涯，而知也无涯。以有涯随无涯，殆已；已而为知者，殆而已矣。（《庄子·养生主》）

前辈，后学不能无疑。生而有涯，固矣。因其有涯而不生乎？即已生，则生之。知其"生之"，岂非"知"乎？况乃"知"亦可有涯，亦可无涯。所谓"知"者，上而言之，人生者也；中而言之，天下家国者也；下而言之，日用常行者也。事事自有一定天然之理，然有取法立意之别也。上者，道也，得其道者故可率性而行也；中者，用世也，顺乎天理而行则可也；下者，术智也，百姓日用或有不知。取法乎上，可得其中；取法乎中，或得其下；取法乎下，必不及上。有涯与无涯，岂非视取法而有别焉？

天下每每大乱，罪在与好知，故天下皆知求其所不知，而莫知求其所已知者；皆知非其所不善，而莫知非其所已善者，是以大乱。（《庄子·胠箧》）

前辈，后学不能无疑。生而为人，缘何好知？人欲知何以为人生而不可得，人欲长生而不可得，人欲知死后亦不可得。故人好知也。若生与死皆可知已知，则无好知者也。先师言"未知生焉知死"，此即以已知求未知，未闻以未知求已知者也。天下大乱，即不知生与死也，亦即以未知求已知者也。

南海之帝为儵，北海之帝为忽，中央之帝为浑沌。儵与忽时相与遇于浑沌之地，浑沌待之甚善。儵与忽

谋报浑沌之德，曰："人皆有七窍，以视、听、食、息，此独无有，尝试凿之。"日凿一窍，七日而浑沌死。(《庄子·应帝王》)

前辈，后学不能无疑。浑沌天生即无七窍，可知非我族类。倏与忽凿之，乃欲使浑沌成人也，然使成人者，非如是焉。浑沌无七窍，无视听食息，即非有情众生，即是无情，焉可成人？

为学日益。为道日损。损之又损，以至于无为。无为而无不为。取天下常以无事。及其有事，不足以取天下。(《老子》第四十八章)

老先辈，后学知之矣，然不能无疑。以后学之愚揣测老先辈，圣人非不学也，乃以泯绝知见，忘情去智，远物离欲以为学耳，此谓"为道日损"。世俗以忘道逐物驰骋物欲以为学，虽增长知见，日益智巧，然其学皆伤生害道，此谓"为学日益"。若是，则老先辈已有圣俗之分别，后学恐圣人"日损"之功非世俗所能为也。世俗者，即在百姓日用之间耳。圣人以日损之功，致于世俗日用之学，不亦宜乎？

何草不黄？何日不行？何人不将？经营四方。
（何草不枯黄？何日不奔忙？何人不从征？王师走四方。）

89

何草不玄？何人不矜？哀我征夫，独为匪民。
（何草不黑腐？何人不鳏夫？哀我出征人，非人如尘土。）

匪兕匪虎，率彼旷野。哀我征夫，朝夕不暇。
（非犀亦非虎，闲步旷野土。哀我出征人，朝夕操劳苦。）

有芃者狐，率彼幽草。有栈之车，行彼周道。
（野狐松茸毛，闲步在幽草。木栈为战车，奔行在周道。）

（《诗·小雅·何草不黄》）

诗曰："匪兕匪虎，率彼旷野。"如此苦其心志、劳其筋骨、饿其体肤、空乏其身，究竟为何？（《史记·孔子世家》：孔子知弟子有愠心，乃召子路而问曰："《诗》云：'匪兕匪虎，率彼旷野。'吾道非邪？吾何为于此？"）

弟子以为，所谓"仁"者，所学者不能证之，所行者不能得之，故天下难以信之。弟子追随老师风尘碌碌，以是不能无疑。（《史记·孔子世家》：子路曰："意者吾未仁邪？人之不我信也。意者吾未知邪？人之不我行也。"）

仁者取信于人何为？若天下皆仁，"仁"其何为？古之贤人求仁而得仁，其为名乎？其为利乎？其不降其志,不辱其身,岂非仁者乎?杀身成仁其何谓哉?
(《史记·孔子世家》:孔子曰:"有是乎?由,譬使仁者而必信,安有伯夷、叔齐?使知者而必行,安有王子比干?")

逝者如斯夫,不舍昼夜。

其人见大水必观焉者,是何?

夫水,大徧与诸生而无为也,似德。其流也埤下,裾拘必循其理,似义。其洸洸乎不竭尽,似道。若有决行之,其应佚若声响,其赴百仞之谷不惧,似勇。主量必平,似法。盈不求概,似正。绰约微达,似察。以出以入,以就鲜洁,似善化。其万折也必东,似志。是故君子见大水必观焉。(《荀子·宥坐》)

上善若水。水善利万物而不争。处众人之所恶,故几于道矣。居善地,心善渊,与善仁,言善信,政善治,事善能,动善时。夫惟不争,故无尤。(《老子》第八章)

老先辈,后学知之矣,然不能无疑。言不争之德,然未见有不争之实也。"天行健,君子以自强不息",是"不争"耶?"博学之慎思之审问之明辨之笃行之"是不争耶?杀身取义是不争耶?百姓日用是不争耶?以"水"说不争之德,是"不争"耶?或言之,此乃君天下之道,则后学之惑愈大焉。君天下即已是

颂·雅·风

"争",所争者,或德、或权、或势、或力、或财货,不一而足,未见有君天下而不争者。天下无道可不争乎?百姓水深火热可不争乎?天怒人怨可不争乎?利万物可不争乎?或言之,此乃修身之道也。则后学之惑莫大焉。"处众人之所恶",岂非处己之所好也?即有好恶,岂非争乎?心或可渊静深默其如止水,然于是非、好恶、真伪、美丑、善恶之端,其心若何?即曰"善仁",即已是争。以后学之愚,争有诚与不诚而已矣。所谓"善信"、"善治"、"善能"、"善时"者,皆诚之用也。

  沔彼流水,朝宗于海。鴥彼飞隼,载飞载止。
  (漫漫河流水,百川汇入海。鹞鹰展双翅,或落或疾飞。)
  嗟我兄弟,邦人诸友。莫肯念乱,谁无父母?
  (叹我诸兄弟,邦人及朋友。无人思祸乱,难道无父母?)

  沔彼流水,其流汤汤。鴥彼飞隼,载飞载扬。
  (漫漫河流水,其水浩荡荡。鹞鹰展双翅,渐飞渐高扬。)
  念彼不迹,载起载行。心之忧矣,不可弭忘。
  (念彼诸无良,不安立与行。心之忧愁也,不可终弭忘。)

       (《诗·小雅·沔水》)

江海所以能为百谷王者，以其善下之，故能为百谷王。是以圣人欲上民，必以言下之；欲先民，必以身后之。是以圣人处上而民不重，处前而民不害。是以天下乐推而不厌。以其不争，故天下莫能与之争。
（《老子》第六十六章）

老先辈，后学知之矣，然不能无疑。圣人可在上可在下，可不在上不在下，可无其上无其下，视势所然也。圣人虚心应物，固可不见其尊，亦非见其不尊。天子者，非其人尊也，乃其位尊也。（《说文解字·一部·天》：天，颠也。《释名·释天》：天，显也，在上高显也。）乾坤者，天尊而地卑也，势也。圣人忘己与人，而不自见有其贵，此固然耳；凡于物欲，淡然无所嗜好，此圣人之所应有。圣人"以其不争，故天下莫能与之争"，或有其理，然较之"以其不生，奈何以死畏之"，其意如何？

诗曰："匪兕匪虎，率彼旷野。"如此苦其心志、劳其筋骨、饿其体肤、空乏其身，究竟为何？

如今诸侯竞霸，争于气力，大小吞并，弱肉强食，天下板荡，故成乱世也。以仁德治天下之说不见赏识于当道者，想当然耳。仁道至大高远，然其曲弥高，其和弥寡，亦可知也。或可略作贬损，为下里巴人之声,未必不能取悦于天下?(《史记·孔子世家》:子贡曰:"夫子之道至大也,故天下莫能容夫子。夫子盖少贬焉?")

不知命,无以为君子也。(《论语·尧曰》)尽人事以待天命,知其不可而为之。(《中庸》:唯天下之至诚,为能尽其性;能尽其性,则能尽人之性;能尽人之性,则能尽物之性;能尽物之性,则可以赞天地之化育;可以赞天地之化育,则可以与天地参矣。)道之将行也欤?命也。道之将废也欤?命也。(《论语·宪问》)君子修道,为世所容或不容,此天意也。(《史记·孔子世家》:孔子曰:"赐,良农能稼而不能为穑,良工能巧而不能为顺,君子能修其道,纲而纪之,统而理之,而不能为容。今尔不修尔道而求为容。赐,而志不远矣!")

采薇采薇,薇亦作止。曰归曰归,岁亦莫止。
(采薇复采薇,薇菜初成已。日夜盼家归,岁暮且休矣。)
靡室靡家,狁之故。不遑启居,狁之故。
(背井更离乡,只因狁故。战机无闲暇,只因狁故。)

采薇采薇,薇亦柔止。曰归曰归,岁亦忧止。
(采薇复采薇,薇菜出嫩叶。日夜盼家归,岁暮愁思起。)
忧心烈烈,载饥载渴。我戍未定,靡使归聘。
(忧心焚炽烈,况复多饥渴。行戍未可知,存问语难至。)

采薇采薇,薇亦刚止。曰归曰归,岁亦阳止。
(采薇复采薇,薇菜盛壮矣。日夜盼家归,岁近寒秋矣。)

王事靡盬,不遑启处。忧心孔疚,我行不来!
(王事频与繁,无时有暇闲。忧心成痼疾,何处望家山!)

彼尔维何?维常之华。彼路斯何?君子之车。
(艳盛为何物?惟有棠棣花。其车谁之属?统帅驱战车。)

戎车既驾,四牡业业。岂敢定居?一月三捷。
(兵车待出战,战马猛如电。岂敢论安闲?一月三捷传。)

驾彼四牡,四牡骙骙。君子所依,小人所腓。
(驱驰四雄马,奔驰矫又健。统帅凭车立,兵士以护掩。)

四牡翼翼,象弭鱼服。岂不日戒?狁孔棘!
(四马奋蹄前,雕弓配长箭。岂能不常备?狁军情险!)

昔我往矣,杨柳依依。今我来思,雨雪霏霏。
(昔年出征时,杨柳尚依依。如今归途上,雨雪正霏霏。)

行道迟迟,载渴载饥。我心伤悲,莫知我哀!
(回程故迟迟,积劳复渴饥。我心徒伤悲,我哀复谁知!)

(《诗·小雅·采薇》)

诗曰:"匪兕匪虎,率彼旷野。"如此苦其心志、劳其筋骨、饿其体肤、空乏其身,究竟为何?

"形而上者谓之道,形而下者谓之器。"(《易·系辞上传》)鼎、爵、尊、彝,形而下者,故世人孜孜以求。仁,人也;形而上者,世人熟视无睹也。(《史记·孔子世家》:颜回曰:"夫子之道至大,故天下莫能容。虽然,夫子推而行之,不容何病,不容然后见君子!夫道之不修也,是吾丑也。夫道既已大修而不用,是有国者之丑也。不容何病,不容然后见君子!")

道之为物,惟恍惟惚。惚兮恍兮,其中有象;恍兮惚兮,其中有物。窈兮冥兮,其中有精;其精甚真,其中有信。(《老子》第二十一章)是谓无状之状,是无物之象,是谓惚恍。迎之不见其首,随之不见其后。(《老子》第十四章)

老先辈,后学知之矣,然不能无疑。前辈此"道",似非物之物,无象之象,先天地生,无始无终,然视而不见,听而不闻,搏而不得。此"道"无名,其神耶?天耶?全知全能耶?处处皆在耶?后学亦知,此道体虚,超乎声色名相思议之表。此无名之道如何可求?不学而得知耶?其道自来之?长生久视而得之?圣人导引之?神灵福报之?道有体用两端,此道奚为？圣人执此以御世乎？天子执此以君天下乎？君子执此以修身乎？庶民执此以日用乎？(《中庸》："道也者，不可须臾离也；可离非道也。""道不远人，人之为道而远人，不可以为道。")

夫道，有情有信，无为无形；可传而不可受，可得而不可见；自本自根，未有天地，自古以固存；神鬼神帝，生天生地；在太极之先而不为高，在六极之下而不为深，先天地生而不为久，长于上古而不为老。(《庄子·大宗师》)

前辈，后学不能无疑。此所谓者"道"，"知者不言，言者不知"，或可相视而笑莫逆于心乎？或曰"未有世界，早有此性，世界坏时，此性不坏"，其意如何？

菁菁者莪，在彼中阿。既见君子，乐且有仪。
（茂盛者蒿莪，在彼向阳坡。即见我君子，愉悦有风致。）

菁菁者莪，在彼中沚。既见君子，我心则喜。
（茂盛者蒿莪，在彼河沙洲。即见我君子，我心生乐喜。）

菁菁者莪，在彼中陵。既见君子，锡我百朋。
（茂盛者蒿莪，在彼山之陵。即见我君子，赐我钱多矣。）

颂·雅·风

泛泛杨舟，载沉载浮。既见君子，我心则休。
（泛水杨木舟，或沉亦或浮。即见我君子，我心已悠悠。）

（《诗·小雅·菁菁者莪》）

"天生烝民，有物有则。民之秉彝，好是懿德。"（《诗·大雅·烝民》）其意如何？

"大学之道，在明明德，在亲民，在止于至善。"（《大学》）此乃"平天下"之学也。欲治国平天下，先为君子。睹高远，行渐修，成就真命。心诚求之，虽不中不远矣。不依道义而得，不依道义而失，皆非所谓真命也。（《论语·雍也》：夫仁者，己欲立而立人，己欲达而达人。能近取譬，可谓仁之方也已。《论语·宪问》：子路问君子。子曰："修己以敬。"曰："如斯而已乎？"曰："修己以安人。"曰："如斯而已乎？"曰："修己以安百姓。修己以安百姓，尧舜其犹病诸！"）

"东方之日兮，彼姝者子"，"东方之月兮，彼姝者子"。（《诗·齐风·东方之日》）其意如何？

一阴一阳之谓道。（《易·系辞上传》）立天之道，曰阴与阳；立地之道，曰柔与刚；立人之道，曰仁与义。（《易·说卦传》）作《易》者，其有忧患乎？（《易·系辞下传》）

雅

瞻卬昊天，则不我惠。孔填不宁，降此大厉。
（仰望上苍天，不赐恩惠我。世间久不宁，天降大灾祸。）
邦靡有定，士民其瘵。蟊贼蟊疾，靡有夷届。
（邦国无安定，士民苦其病。蝗虫犹肆虐，未见有消停。）
罪罟不收，靡有夷瘳。
（刑网若不收，其病亦堪忧。）

天何以刺？何神不富？舍尔介狄，维予胥忌。
（上天何所责？神何不降福？不顾安危事，惟忌我良士。）
不吊不祥，威仪不类。人之云亡，邦国殄瘁。
（有难不恤问，威仪属疏荒。贤人已离去，邦国病膏肓。）

天之降罔，维其优矣。人之云亡，心之忧矣。
（上天降罗网，恢恢不疏漏。贤人已离去，我心实伤忧。）
天之降罔，维其几矣。人之云亡，心之悲矣。
（上天降罗网，庶几见获罪。贤人已离去，我心实伤悲。）

觱沸槛泉，维其深矣。心之忧矣，宁自今矣？
（喷涌出流泉，因有源头深。我心实伤忧，其始岂自今？）
不自我先，不自我后。藐藐昊天，无不克巩。
（降罪非在先，亦非我之后。茫茫上苍天，虽疏而不漏。）

无忝皇祖，式救尔后。
（莫辱先皇祖，悔改或可救。）

（《诗·大雅·瞻卬》）

宠辱若惊，贵大患若身。何谓宠辱若惊？宠为上，辱为下。得之若惊，失之若惊，是谓宠辱若惊。何谓贵大患若身？吾所以有大患者，为吾有身，及吾无身，吾有何患？故贵以身为天下，若可寄天下。爱以身为天下，若可托天下。（《老子》第十三章）

老先辈，以后学之愚揣测老先辈，此"身"非言躯骸也，或谓名利之大害者乎？所患者，教人重道忘身以祛累也。故说恩宠与损辱而致惊恐，此二事皆为祸患。惊恐乃人心之妄动，宠辱不足惊而人自惊，非人之所当行，亦非性情之正也。宠辱本无上下之别，皆人身之累而身外事也。而宠可得可失故尤其等而下之，实乃辱之甚也。世俗又以尊贵得志，然贵实为身之大患祸根。果若其心能忘，宠辱不足以惊，贵爱天下人，如此可托之以天下。若此，后学有请教者焉。身者，其有生必有灭也。既有此身，奚足为患？然人生者，饥寒病苦，升沉荣辱，成败荣枯，进退得失，诸如此类，均在所难免，作《易》者其忧患，可在一己躯骸之安危者乎？可在名利荣辱贵贱得失之间者乎？

夫天下之所尊者，富贵寿善也。所乐者，身安，厚味，美服，好色，音声也；所下者，贫贱夭恶也；所苦者，身不得安逸，口不得厚味，形不得美服，目不得好色，耳不得音声。若不得者，则大忧以惧，其为形也亦愚哉！夫富者，苦身疾作，多积财而不得尽用，其为形也亦外矣！夫贵者，夜以继日，思虑善否，其为形也亦疏矣！人之生也，与忧俱生，寿者惽惽，久忧不死，何苦也，其为形也亦远矣！（《庄子·至乐》）

前辈，后学不能无疑。忧患岂惟在尊贵且富者如人君卿相者欤？贫贱者其无忧患乎？忧患岂惟在名利荣辱贵贱得失之间者欤？"为道也屡迁。变动不居，周流六虚，上下无常，刚柔相易，不可为典要，唯变所适"，（《易·系辞下传》）岂非亦所忧患犹深者乎？

我龟既厌，不我告犹。谋夫孔多，是用不集。
（占龟我已厌，问策不我及。谋士何其多，未见成其事。）

发言盈庭，谁敢执其咎？如匪行迈谋，是用不得于道。

（议论满公庭，谁敢指其病？不做长远谋，其谋难实行。）

哀哉为犹,匪先民是程,匪大犹是经。
(哀哉如此谋,已失先民明,又非圣贤经。)
维迩言是听,维迩言是争。
(浮言偏信听,浮言起讼争。)
如彼筑室于道谋,是用不溃于成。
(犹如宫室建于路,其用岂能获于成。)

国虽靡止,或圣或否。民虽靡腆,或哲或谋,或肃或艾。
(国虽缺礼法,仍有明或愚。民虽匮富财,仍有智或谋,仍有治国才。)
如彼泉流,无沦胥以败。
(如彼泉水流,无令腐与败。)

不敢暴虎,不敢冯河。人知其一,莫知其他。
(岂敢手搏虎,岂敢步过河。人只知其一,不知有其他。)
战战兢兢,如临深渊,如履薄冰。
(战战复兢兢,其如临深渊,其如履薄冰。)

(《诗·小雅·小旻》)

"战战兢兢,如临深渊,如履薄冰。"(《诗·小雅·小旻》)其意如何?

"君子终日乾乾,夕惕若。厉,无咎。"(《易·乾卦·九三》)圣人以此洗心否?(《易·系辞上传》:圣人以此洗心,退藏于密,吉凶与民同患,神以知来,知以藏往。)是故,君子戒慎恐惧,慎其独也。(《中庸》:是故君子戒慎乎其所不睹,恐惧乎其所不闻。莫见乎隐,莫显乎微,故君子慎其独也。)

致虚极,守静笃。万物并作,吾以观复。夫物芸芸,各复归其根。归根曰静,静曰复命。复命曰常,知常曰明。不知常,妄作凶。知常容,容乃公。公乃王,王乃天。天乃道,道乃久,没身不殆。(《老子》第十六章)

老先辈,以后学之愚揣测此意,此似言静定功夫。虚者,外物本来不有;静者,心体本来不动。学道工夫,心不乱而守静,或可复归本命,曰"常";洞察此命,曰"明"。知此真常之道,人心自然廓然大公,无有我之私,可法天行事,合乎自然,与天地参。若是,后学有请教者焉。圣人洗心,其意于"探赜索隐,钩深致远"。在世间上洗,在事体上磨,在道理上洞察,在经世上得证,故其体用本是一事,非为两端也。老先辈之静定复命功夫与圣人之慎独洗心功夫或可殊途同归，其然否哉？

　　有人似得道，其时端居而坐，忽然忘身，不觉仰天自笑。又觉自身层层肢解，不见其身。弟子曰：先生乃如此忘形乎？心安在哉？未见坐忘有如此者也。其人曰：此问甚善甚不善。昔者我丧吾，今者吾丧我。知否？知否？应是昔驴今狗。（《庄子·齐物论》：南郭子綦隐机而坐，仰天而嘘，荅焉似丧其耦。颜成子游立侍乎前，曰："何居乎？形固可使如槁木，而心固可使如死灰乎？今之隐机者，非昔之隐机者也。"子綦曰："偃，不亦善乎，而问之也！今者吾丧我，汝知之乎？"）

　　有问曰：弟子有心进益，敢问其方。其人曰：有心而为之，甚易，然不易通。有斋法可行。曰：弟子家贫，唯不饮酒不茹荤者数月矣。如此，则可以为斋乎？曰：此祭祀之斋，非心斋也。心斋者，若一志，无听之以耳，而听之以心，无听之以心，而听之以气。耳止于听，心止于符。气也者，虚而待物者也。唯道集虚。虚者，心斋也。曰：弟子未心斋时，还是弟子，始心斋时，便不是弟子，可谓虚乎？曰：正是。（参见《庄子·人间世》：颜回曰："吾无以进矣，敢问其方。"）

　　未几，曰：弟子进益矣。曰：怎么说？曰：弟子忘礼乐矣。曰：是了，未到。未几，曰：弟子进益矣。

曰：怎么说？曰：弟子忘仁义矣。曰：不错。仍未到。未几，曰：弟子进益矣。曰：怎么说？曰：弟子坐忘矣。其人跳脚曰：坐忘怎么说？曰：堕肢体，黜聪明，离形去知，同于大通，此谓坐忘。曰：果然！某亦有心进益，敢问其方。(参见《庄子·大宗师》：颜回曰："回益矣。")

我师非如是也。我师者，"仰之弥高，钻之弥坚，瞻之在前，忽焉在后。夫子循循然善诱人，博我以文，约我以礼，欲罢不能，既竭吾才。如有所立卓尔。虽欲从之，末由也已"。(《论语·子罕》)

其人居于陋巷，一箪食、一瓢饮，人不堪其忧，亦不改其乐。(参见《论语·雍也》)其师谓之君子，"食无求饱、居无求安，敏于事而慎于言，就有道而正焉，可谓好学也矣"；(《论语·学而》)又谓其"择乎中庸，得一善，则拳拳服膺而弗失之矣"。(《中庸》)每有所得，则身体力行之。(《论语·颜渊》：颜渊问仁。子曰："克己复礼为仁。一日克己复礼，天下归仁焉。为仁由己，而由仁乎哉？"颜渊曰："请问其目。"子曰："非礼勿视，非礼勿听，非礼勿言，非礼勿动。"颜渊曰："回虽不敏，请事斯语矣。")故其师有言，"吾见其进也，未见其止也"，(《论语·子罕》)而身心常在天地一体之中。(《论语·先进》：

子曰:"回也其心三月不违仁,其余则日月至焉而已矣。")

瞻彼淇奥,绿竹猗猗。有匪君子,如切如磋,如琢如磨。
(淇水曲岸依,绿竹摇曳姿。翩翩彼君子,切磋类出萃,琢磨润如玉。)
瑟兮僩兮,赫兮咺兮,有匪君子,终不可谖兮!
(玉树本庄重,倜傥复轩昂,翩翩彼君子,一见未能忘!)

瞻彼淇奥,绿竹青青。有匪君子,充耳琇莹,会弁如星。
(淇水曲岸依,绿竹青复青。翩翩彼君子,耳坠闪晶莹,帽嵌灿如星。)
瑟兮僩兮,赫兮咺兮,有匪君子,终不可谖兮!
(玉树本庄重,倜傥复轩昂,翩翩彼君子,一见未能忘!)

瞻彼淇奥,绿竹如箦。有匪君子,如金如锡,如圭如璧。
(淇水曲岸依,绿竹茂且密。翩翩彼君子,如金复如锡,如圭复如璧。)
宽兮绰兮,猗重较兮,善戏谑兮,不为虐兮!

雅

（气宇多旷达，凭车气自华，温言善戏谑，持重且潇洒！）

（《诗·卫风·淇奥》）

　　一言以蔽之：忘。"忘其肝胆，遗其耳目，反覆终始，不知端倪，茫然彷徨乎尘垢之外，逍遥乎无为之业。"（《庄子·大宗师》）又一言以蔽之：忘。"忘乎物，忘乎天，其名为忘己。忘己之人，是之谓入于天。"（《庄子·天地》）

　　前辈，后学不能无疑。身或可坐忘为槁木，心如何可忘而为死灰？此"忘"可有心乎？若有其心，其心可忘乎？若无其心，其"忘"由何生哉？试观"无所住而生其心"，其意如何？

　　其人计无所之竟自缢。众人救之，曰：此某欲自拔苦海耳，何以救为？救之适所以苦之矣。吾心已死久之，其形骸其何用哉？

　　人皆知有用之用，而莫知无用之用也。（《庄子·人间世》）

　　前辈，兹事乃大，不可不论。前辈亦有言曰："夫哀莫大于心死，而人死亦次之。"（《庄子·田子方》）前辈其有忧患乎？人生固有其悲苦，然果无其乐耶？

南有嘉鱼，烝然罩罩。君子有酒，嘉宾式燕以乐。
（南方有嘉鱼，群游水悠悠。主人有美酒，嘉宾宴饮酬。）

南有嘉鱼，烝然汕汕。君子有酒，嘉宾式燕以衎。
（南方有嘉鱼，水中任意游。主人有美酒，嘉宾乐悠悠。）

南有樛木，甘瓠累之。君子有酒，嘉宾式燕绥之。
（南方树弯弯，藤蔓紧相缠。主人有美酒，嘉宾乐安闲。）

翩翩者鵻，烝然来思。君子有酒，嘉宾式燕又思。
（鹁鸪舞翩翩，群飞落酒边。主人有美酒，嘉宾酒意酣。）

（《诗·小雅·南有嘉鱼》）

其人见鱼出游从容，曰：是鱼之乐也。有曰：子非鱼，安知鱼之乐？曰：子非我，安知我不知鱼之乐？有曰：我非子，固不知子矣；子固非鱼也，子之不知鱼之乐。（参见《庄子·至乐》）

其人复见鱼出游从容，曰：是鱼知我之乐也。有曰：鱼非子，鱼安知子之乐？曰：子非鱼，安知鱼不知我之乐？有曰：我非鱼，固不知鱼矣；子固非鱼也，子之不知鱼知子之乐。

泉涸,鱼相与处于陆,相呴以湿,相濡以沫,不如相忘于江湖。(《庄子·大宗师》)

前辈,后学不揣冒昧以意度之。"相呴以湿,相濡以沫"者,仁义存焉。江湖者,大道存焉。鱼失水,则以仁义相尚,相互苟活;其不若忘仁义后而游于大道之江湖也,相互了不相干。若是,后学不能无疑。"相呴以湿,相濡以沫"其非鱼之仁义乎?若夫舍仁义而求道,鱼其可活耶?泉或盈或涸,其数在天,非鱼可知。泉盈时,其可相互出游从容;泉涸时,则相呴以湿得以苟活,此即仁义也。况乃如鱼在水,自有其乐,而其死生,各证性命,此即鱼之"杀身成仁,舍生取义"也。江湖或有大道存焉,非鱼可知,江湖其渺,亦非鱼可致,此正所谓"相忘之道不可得,则相濡之义尚可生也"。

"周道如砥,其直如矢。君子所履,小人所视。睠言顾之,潸焉出涕。"(《诗·小雅·大东》)其意如何?

三军可夺帅也,匹夫不可夺志也。(《论语·子罕》)志士仁人,无求生以害仁,有杀身以成仁。(《论语·卫灵公》)

曰:你为何刺杀我?曰:为主公报仇,主公于我有知遇之恩。曰:有义之人不可杀也。未几,曰:为何又来行刺?曰:某已为人臣,故必杀你,以此愧天

颂·雅·风

下后世之为人臣怀二心以事其君者也。曰：你前也事某人，为何不报其仇？曰：其以众人遇我，我以众人报之。主公以国士遇我，我以国士报之。曰：寡人成全你。遂命人持衣，其人拔剑三跃而击衣，曰：吾可报主公矣！遂伏剑自杀。（参见《史记·刺客列传》）

可以托六尺之孤，可以寄百里之命，临大节而不可夺也，君子人欤？君子人也！（《论语·泰伯》）

惜哉！惜哉！上古至德之世可有仁义乎？当是时也，"端正而不知以为义，相爱而不知以为仁，实而不知以为忠，当而不知以为信，蠢动而相使不以为赐"。（《庄子·天地》）故知此为乱世也。

  匪风发兮，匪车偈兮。顾瞻周道，中心怛兮。
  （大风吹猎猎，兵车急驱驰。顾瞻我国道，心中存忧戚。）

  匪风飘兮，匪车嘌兮。顾瞻周道，中心吊兮。
  （大风吹悠悠，兵车走尘沙。顾瞻我国道，心中乱如麻。）

  谁能亨鱼？溉之釜鬵。谁将西归？怀之好音。
  （谁能烹鲜鱼？锅釜已涤清。谁将复西归？传递我家音。）

       （《诗·桧风·匪风》）

雅

大道废，有仁义；智慧出，有大伪；六亲不和，有孝慈；国家昏乱，有忠臣。(《老子》第十八章)

老先辈，以后学之愚揣测此意，"大道无心爱物，而物物各得其所。仁义则有心爱物，即有亲疏区别之分。故曰大道废，有仁义"。(憨山大师《老子道德经憨山注》："大道废，有仁义。")老先辈见世道衰微，思复太古之治，殆非愤世励俗之谈也。后学有请教者焉。我师亦有大道曰"仁"。后学追随先师，此"仁"之义，以后学浅陋，似可解为："人之所以异于禽兽者几希"。(《孟子·离娄下》)"禽兽有知而无义，人有气，有生，有知，亦且有义，故最为天下贵也。"(《荀子·王制》)无论大道存否，此仁义岂可废哉？！

绵蛮黄鸟，止于丘阿。道之云远，我劳如何。
(亮彩小黄雀，居于彼山坡。路途尚悠远，跋涉竟如何。)
饮之食之，教之诲之。命彼后车，谓之载之。
(饲它以水食，教它明事理。马车要上路，载它车上栖。)

绵蛮黄鸟，止于丘隅。岂敢惮行，畏不能趋。
(亮彩小黄雀，居于丘之隅。胆小不前行，心畏不前趋。)
饮之食之，教之诲之。命彼后车，谓之载之。

（饲它以水食，教它明事理。马车要上路，载它车上栖。）

（《诗·小雅·绵蛮》）

知其所止，可以人而不如鸟乎！（《大学》）

逢此乱世，善无善报，恶无恶报，"彼窃钩者诛，窃国者为诸侯；诸侯之门而仁义存焉"。（《庄子·胠箧》）

鱼化为鸟，飞临大水，无尽无穷，不见涯岸，乃忘其身，融于苍穹。（《庄子·逍遥游》：北冥有鱼，其名为鲲。鲲之大，不知其几千里也。化而为鸟，其名为鹏。鹏之背，不知几千里也。怒而飞，其翼若垂天之云。是鸟也，海运则将徙于南冥。南冥者，天池也。）

前辈之境固令人向往，然不能无疑。鱼化为鸟，仍有此身之累，虽前辈极言此鸟之大，后学恐其逍遥仍未出天地之间耳。

鹤鸣于九皋，声闻于野。鱼潜在渊，或在于渚。
（鹤鸣于幽泽，其声闻于野。鱼潜于深渊，时浮到渚滩。）

乐彼之园，爰有树檀，其下维萚。
（闲乐彼之园，其有树曰檀，其下酸枣枝。）

他山之石，可以为错。
（他山有磨石，可作琢磨器。）

雅

鹤鸣于九皋,声闻于天。鱼在于渚,或潜在渊。
(鹤鸣于幽泽,其声闻高天。鱼游于渚滩,时潜于深渊。)

乐彼之园,爰有树檀,其下维榖。
(闲乐彼之园,其有树曰檀,其下椿树枝。)

他山之石,可以攻玉。
(他山有磨石,可以琢玉器。)

(《诗·小雅·鹤鸣》)

山林与,皋壤与,使我欣欣然而乐与。(《庄子·知北游》)巧者劳而知者忧,无能者无所求。饱食而遨游,泛若不系之舟,虚而遨游者也。(《庄子·列御寇》)

后学见前辈寄沉痛于逍遥之中。世事如斯,其固有不忍足闻不忍足视者,然有足可为者也。"天下有道,以道殉身;天下无道,以身殉道。"(《孟子·尽心上》)

终身役役。而不见其成功,茶然疲役,而不知其所归。(《庄子·齐物论》)

其人梦为蝴蝶,栩栩然蝴蝶也,自喻适志与!则忘其自身也。俄然觉,则遽遽然本人也。不知本人之梦为蝴蝶,蝴蝶之梦为本人欤?其人自知与蝴蝶必有分矣,故断言此为物化。(参见《庄子·齐物论》)

后学不能无疑。梦中蝴蝶栩栩然亦常有,梦中忘其自身亦不足奇,"俄然觉,则遽遽然本人也",乃当然耳。物化者,万物化而为一也。万物一观,则了无物我,无是非之辩,美丑之别,善恶之分,生死之异,万物不齐而自齐也。后学恐前辈欲以一己蝴蝶之梦,破尽古今之世也。试观:"诸菩萨摩诃萨应如是降伏其心:所有一切众生之类,若卵生、若胎生、若湿生、若化生,若有色、若无色,若有想、若无想,若非有想、非无想,我皆令入无余涅槃而灭度之。"(《金刚经》)其意如何?

蜉蝣之羽,衣裳楚楚。心之忧矣,于我归处。
(蜉蝣之有羽,衣裳可楚楚。我心何其忧,何处是归处。)

蜉蝣之翼,采采衣服。心之忧矣,于我归息。
(蜉蝣之有翼,鲜丽其衣服。我心何其忧,何处可归宿。)

蜉蝣掘阅,麻衣如雪。心之忧矣,于我归说。
(蜉蝣脱蛹出,其衣麻如雪。我心何其忧,何处可归息。)

(《诗·曹风·蜉蝣》)

死生,命也,其有夜旦之常,天也。(《庄子·大宗

师》)死生存亡,穷达贫富,贤与不肖,毁誉,饥渴寒暑,是事之变,命之行也。(《庄子·德充符》)

其人妻死,则方箕距鼓盆而歌,曰:"察其始而本无生,非徒无生也,而本无形,非徒无形也,而本无气。杂乎芒芴之间,变而有气,气变而有形,形变而有生。今又变而之死,是相与为春秋冬夏四时行也。人且偃然寝于巨室,而我噭噭然随而哭之,自以为不通乎命,故止也。"(《庄子·至乐》)

后学不能无疑。生死乃命也,有昼必有夜,如春夏秋冬四季之运行,此人所共知也。然其人果安心视父母妻儿兄弟为"变而有气,气变而有形,形变而有生,今又变而之死"者乎?其心若安,则可鼓盆而歌。

有髑髅言生者曰:生皆生者之累也,死则无此矣。死,无君于上,无臣于下;亦无四时之事,从然以天地为春秋,虽南面王乐,不能过也。生者曰:吾使司命复生子形,为子骨肉肌肤,反子父母妻子、闾里知识,子欲之乎?髑髅深矉蹙頞曰:吾安能弃南面王乐,而复为人间之劳乎?(参见《庄子·至乐》)

复有生者言髑髅曰:死皆髑髅之累也,生则无此矣。生,可享天伦之情,可悟道修身,有四时变幻,从然以喜怒哀乐为春秋,虽南山寿长,不能过也。髑髅曰：人生有命，必有终时，莫若当下与我为伍，得知"天地与我并生，而万物与我为一"之境，子欲之乎？生者哂笑曰：吾安能弃当下人间喜怒哀乐之乐，汲汲乎南山长寿之长？

生与死其有别乎？"方生方死，方死方生；方可方不可，方不可方可。"（《庄子·齐物论》）

前辈，后学不能无疑。生而死、死而生，生死循环，自有其理。然生者终非髑髅，执著于此生，岂非圣人之意耶？

交交黄鸟，止于棘。谁从穆公？子车奄息。
（交交鸣黄鸟，哀鸣于枝。谁其殉穆公？子车氏奄息。）
维此奄息，百夫之特。临其穴，惴惴其栗。
（其谁此奄息，军伍万人敌。临其墓穴，胆颤身战栗。）
彼苍者天，歼我良人。如可赎兮，人百其身！
（在上有苍天，坑杀我好人。如其可赎兮，百人替其身！）

交交黄鸟，止于桑。谁从穆公？子车仲行。
（交交鸣黄鸟，哀鸣于桑。谁其殉穆公？子车氏仲行。）
维此仲行，百夫之防。临其穴，惴惴其栗。
（其谁此仲行，军伍百夫长。临其墓穴，胆颤身战栗。）

雅

彼苍者天,歼我良人。如可赎兮,人百其身!
(在上有苍天,坑杀我好人。如其可赎兮,百人替其身!)

交交黄鸟,止于楚。谁从穆公?子车铖虎。
(交交鸣黄鸟,哀鸣荆楚。谁其殉穆公?子车氏铖虎。)

维此铖虎,百夫之御。临其穴,惴惴其栗。
(其谁此铖虎,军伍骁骁主。临其墓穴,胆颤身战栗。)

彼苍者天,歼我良人。如可赎兮,人百其身!
(在上有苍天,坑杀我好人。如其可赎兮,百人替其身!)

(《诗·秦风·黄鸟》)

前辈生死之说,后学疑甚大焉。人死于非命,其恻怆悲号,能不动于心乎?读此《黄鸟》,能不一掬同情之泪耶?(《左传·文公六年》:秦伯任好卒。以子车氏之三子奄息、仲行、铖虎为殉。皆秦之良也。国人哀之,为之赋《黄鸟》。)此生死之间,其可说"方可方不可,方不可方可"乎?悦生而恶死,乃人之常情。草木生而不恤其死,禽兽患死而不知其哀,人知哀死以延天地之生也,此所以人异于禽兽者也。

朝菌不知晦朔,蟪蛄不知春秋。(《庄子·逍遥游》)人生天地之间,若白驹过隙,忽然而已。(《庄子·知北游》）小人则以身殉利，士则以身殉名，大夫则以身殉家，圣人则以身殉天下。故此数子者，事业不同，名声异号，其于伤性以身为殉，一也。(《庄子·骈拇》)

前辈，后学不敢苟同。朝菌与蟪蛄者，其不知晦朔与春秋，可矣。然人不知性命，则枉为人也。"乾道变化，各正性命。""审知生，圣人之要也；审知死，圣人之极也。知生也者，不以害生，养生之谓也；知死也者，不以害死，安死之谓也。此二者，圣人之所独决也。凡生于天地之间，其必有死，所不免也。"(《吕氏春秋·王道·节丧》)

古之至人，先存诸己而后存诸人。所存于己者未定，何暇至于暴人之所行。(《庄子·人间世》)

"秩秩斯干，幽幽南山。如竹苞矣，如松茂矣。"(《诗·小雅·斯干》)其意如何？

君子者，"富贵不能淫，贫贱不能移，威武不能屈"。(《孟子·滕文公下》)富与贵，是人之所欲也；不以其道得之，不处也。贫与贱，是人之所恶也；不以其道得之，不去也。君子去仁，恶乎成名？君子无终食之间违仁，造次必于是，颠沛必于是。(《论语·里仁》)

其人欲刺暴龙，众皆白衣冠以送行至水之上。友人击筑，其人和而歌，为变徵之声，士皆垂泪涕泣。

又前而为歌曰：风萧萧兮易水寒，壮士一去兮不复还！复为羽声慷慨，士皆瞋目，发尽上指冠。其人就车而去。及献图与暴龙，图穷而匕首见，遂奋力刺杀，终未果，遂倚柱笑而殒命。（参见《史记·刺客列传》）

此为匹夫之勇也。小人之勇，为一己之私，铤而走险，亡身殖货，见小利而亡命。而匹夫之勇，为无智之勇，是非不明，轻易蹈死，其心浮气躁，乘一时之快而舍生忘死，固其事无足言耳。

见义不为，无勇也。（《论语·为政》）人固有一死，或重于泰山，或轻于鸿毛。见祸而不远，知患而不避，其死轻于鸿毛。亡身货利，铤而走险，为一己私欲而死，亦轻于鸿毛。而杀身成仁，舍生取义者，其死重于泰山。死得其道者，死得其所。君子远患而不避义死。不避义死，谓之勇。（《孟子·告子上》：生，亦我所欲也；义，亦我所欲也。二者不可得兼，舍生而取义者也。）

出生入死，生之徒，十有三；死之徒，十有三；人之生，动之于死地，亦十有三。夫何故？以其生生之厚。盖闻善摄生者，陆行不遇兕虎，入军不被甲兵。兕无所投其角，虎无所措其爪，兵无所容其刃。夫何故？以其无死地。（《老子》第五十章）

老先辈，以后学之愚揣测此意，人有贪生以取死者也,有欲寿考者以取死也,有嗜欲戕生以取死者也。然有善摄生者,超乎生死之外,陆行不遇兕虎,入军不避甲兵。后学以为其人无"我",故乃知生本无生,则知死亦不死,其非知天命者乎?岂非圣人乎?若是,后学有请教者焉。吾先师"五十而知天命,六十而耳顺,七十从心所欲不逾矩"(《论语·为政》),其圣人乎?先师"学不厌而教不倦",其圣人乎?仁且智者,其圣人乎?(《孟子·公孙丑上》:昔者子贡问于孔子曰:"夫子圣矣乎?"孔子曰:"圣则吾不能,我学不厌而教不倦也。"子贡曰:"学不厌,智也;教不倦,仁也。仁且智,夫子既圣矣!")先师"博施于民而能济众",其圣人乎?(《论语·雍也》:子贡曰:"如有博施于民而能济众,何如?可谓仁乎?"子曰:"何事于仁?必也圣乎!")先师持本源之仁者,其圣人乎?(《孟子·离娄下》:大人者,不失其赤子之心者也。)凡此种种,后学以为因其无我故,皆无其死地也。

　　古之真人,不知说生,不知恶死;其出不䜣,其入不距;翛然而往,翛然而来而已矣。不忘其所始,不求其所终;受而喜之,忘而复之,是之谓不以心捐道,不以人助天。(《庄子·大宗师》)

　　有问曰:前辈年事已高,而面色若顽童,何也?

其人曰：吾闻道矣。曰：道可得学耶？曰：否，非否。然汝似非其人也，学道者需圣人才并圣人道。若汝欲小试，不妨先置天下于度外，再置万事于度外，继之以置生死于度外，最终置古今于度外，如此打通，直入不死不生之境，道或成也，其名曰"撄宁"。曰：前辈从何得知？曰：其问无乃多乎哉？曰：不多也。（参见《庄子·大宗师》"南伯子葵问乎女偊曰"）

　　维天之命，于穆不已。于乎不显，文王之德之纯。
　　（所归之天命，肃穆乎不已。庄严其昭显，文王之德其正纯。）
　　假以溢我，我其收之。骏惠我文王，曾孙笃之。
　　（嘉惠与我静好，我谨领受之。尊顺我文王，后代谨守之。）

　　　　　　　　（《诗·周颂·维天之命》）

　　"汉之广矣，不可泳思；江之永矣，不可方思。"（《诗·周南·汉广》）其意如何？
　　"夫子之文章，可得而闻也；夫子之言性与天道，不可得而闻也。"（《论语·公冶长》）故"天行健，君子以自强不息"。（《易·乾卦·象》）
　　若夫不刻意而高，无仁义而修，无功名而治，无

江海而闲，不导引而寿，无不忘也，无不有也，淡然无极而众美从之。此天地之道，圣人之德也。（《庄子·刻意》）

前辈，以后学之愚揣测前辈之意，似以"无用之用"得其逍遥，无适而不自得，无时而不自得，无处而不自得，似是无碍解脱。玩味之，既有乱世偷活苟全之大幸，亦有心灵自适圆足之大通。然则，无用有用咸其自取，若夫不仁而乐山，不智而乐水，后学亦恐其自伤耳。

"呦呦鹿鸣，食野之苹。我有嘉宾，鼓瑟吹笙。"（《诗·小雅·鹿鸣》）其意如何？

君子"志于道，据于德，依于仁，游于艺"。（《论语·述而》）是故，君子以忠信为珍宝，以德义安身立命，以渊博为富有。（《礼记·儒行》：儒有不宝金玉，而忠信以为宝。不祈土地，立义以为土地。不祈多积，多文以为富。）

我宁游戏污渎之中自快，无为有国者所羁，终身不仕，以快吾志焉。（《史记·老庄申韩列传》）

前辈其有苦闷乎？"天下大乱，无有安国；一国尽乱，无有安家；一家皆乱，无有安身；此之谓也。"（《吕氏春秋·谕大》）请教前辈，覆巢之下，安有完卵？

缘督以为经，可以保身，可以全生，可以养亲，

可以尽年。(《庄子·养生主》)

前辈，后学有请教者焉。"任督两脉，人身之子午也，乃丹家阳火阴符升降之道，坎离水火交媾之乡……人能通此两脉，则百脉皆通。"(李时珍《奇经八脉考》)督脉为"阳脉之海"，任脉为"阴脉之海"，任督二脉通，则真气运转于五脏六腑。据云，如此修炼，可抹去蒙蔽天性之尘垢，直达天人合一。前辈可有深意存焉？

至人神矣！大泽焚而不能热，河汉冱而不能寒，疾雷破山、飘风振海而不能惊。若然者，乘云气，骑日月，而游乎四海之外，死生无变于己，而况利害之端乎！(《庄子·齐物论》)

前辈，后学有请教者焉。观此"至人"，岂但不知利害，亦则水火不侵，神超物表，不与物对，即磅礴于日月，且混融与天道，卓然出于死生，妙结圣人之德，岂可以常情测度而臆想哉！敢问：此"至人"岂非"藐姑射之山，有神人居焉"者欤？此岂非"肌肤若冰雪，绰约若处子"者欤？此岂非"不食五谷，吸风饮露；乘云气，御飞龙，而游乎四海之外"者欤？此岂非"其神凝，使物不疵疠而年谷熟"者欤？(《庄子·逍遥游》)此"至人"非神仙莫属耶？

出入六合，游乎九州，独往独来，是谓独有。独有之人，是谓至贵。(《庄子·在宥》)

前辈，后学有请教者焉。"仙，长生仙去。"(《说文解字·人部·仙》)"老而不死曰仙。"(《释名·释长幼》)"神仙者，所以保性命之真，而游求于其外者也。聊以荡意平心，同死生之域，而无怵惕于胸中。"(《汉书·艺文志》)前辈所言，与此颇合。呜呼！后学有三畏："畏天命，畏大人，畏圣人之言。"(《论语·季氏》)圣人言："未知生，焉知死？"(《论语·先进》)参通幽明，究明生死，乃后学所求生命之真义。原始而知生，返终而知死。生而不失吾常，尽人之性，明人之道；死而适得吾体，尽天之性，明鬼神之道。天道贯通幽明，知明则知幽，知生则知死。与天合德，则幽明相通，始终如一，生死不贰。"夭寿不贰，修身以俟之，所以立命也。"(《孟子·尽心上》)后学尚不知"生"，未敢言"死"，又岂敢有望于神仙哉？！

"未见君子，我心伤悲。亦既见止，亦既觏止，我心则夷。"(《诗·召南·草虫》)其意如何？

儒有博学而不穷，笃行而不倦。幽居而不淫，上通而不困。礼之以和为贵，忠信之美，优游之法。举贤而容众，毁方而瓦合。其宽裕有如此者。(《礼记·儒行》)

"淑人君子，其仪一兮。其仪一兮，心如结兮。"（《诗·曹风·鸤鸠》）其意如何？

君子善养其浩然之气也。"其为气也，至大至刚，以直养而无害，则塞于天地之间。其为气也，配义与道；无是，馁也。是集义所生者，非义袭而取之也。"（《孟子·公孙丑上》）

有人歌曰："凤兮凤兮，何德之衰也。来世不可待，往世不可追也。天下有道，圣人成焉；天下无道，圣人生焉。"（《庄子·人间世》）

"太山坏乎！梁柱摧乎！哲人萎乎！"（《史记·孔子世家》）其意如何？

俟河之清，人寿几何？天下无道久矣。道之将行也欤，命也！道之将废也欤，命也。其道不行哉？天之将丧斯文哉？后死者不得与于斯文哉？

"假以溢我，我其收之。骏惠我文王，曾孙笃之。"（《诗·周颂·维天之命》）其意如何？

后死者或可得与于斯文也。先师之学有"十六字心传"："人心惟危，道心惟微；惟精惟一，允执厥中。"（《尚书·大禹谟》）此乃正法眼藏也。由先师"祖述尧舜，宪章文武"，此心法历代圣人心心相传，虽千百世可知也。（《论语·为政》：子张问："十世可知也？"

子曰:"殷因于夏礼,所损益,可知也。周因于殷礼,所损益,可知也。其或继周者,虽百世可知也。")其间相望,有或数百年者,非得口传耳授密相付属也。(朱熹《李公常语上》)后世必有圣人出,奋起于千百世之下,"以兴起斯文为己任,辨异端,辟邪说,使圣人之道焕然复明于世"。(朱熹《孟子集注》篇末引程颐语)然不知更几千万亿年复有我师哉?!但使此情不灭,此道必长存人间,斯与先师请益,又何论今昔矣。

其人行年七十三卒,弟子皆服三年。三年心丧毕,相诀而去,则哭,各复尽哀。有弟子复庐于冢上,凡六年,然后去。(参见《史记·孔子世家》)

其时,有人拈花示众,众皆默然。又有人破颜为笑。其人遥望东土,见赤县神州有大乘气象。曰:非偶然也。

風

东方生风，风生木，木生酸，酸生肝，肝生筋，筋生心，肝主目。(《黄帝内经·阴阳应象大论》)

风，风也，教也。风以动之，教以化之。(《诗大序》)

上以风化下，下以风刺上。(《诗大序》)

风动虫生，故虫八日而化。从虫，凡声。(《说文解字·风部·风》)

风，言圣贤治道之遗化也。(《周礼·春官·大师》郑玄注："大师教六诗：曰风、曰赋、曰比、曰兴、曰雅、曰颂。")

累牛，父牛也。腾马，父马也。皆将群游从牝于牧之野，风合之。(《吕氏春秋·季春纪》高诱注："是月也，合累牛腾马游牝于牧。")

风，放也，牝牡相诱谓之风。(《尚书·费誓》孔颖达正义："马牛其风，臣妾逋逃，勿敢越逐。"引贾逵语。)

有天地,然后万物生焉。(《易·序卦传》)

清轻阳为天,浊重阴为地,万物所陈列也。(《说文解字·土部·地》)

至阴肃肃,至阳赫赫;肃肃出乎天,赫赫发乎地;两者交通成和,而物生焉。(《庄子·田子方》)

天地感而万物化生。(《易·咸卦·象》)

天地交而万物通。(《易·泰卦·卦辞》)

天地交,泰。(《易·泰卦·象》)

天地合,而后万物兴焉。(《礼记·郊特性》)

天地相合,以降甘露。(《老子》第三十二章)

于是,"云行雨施,品物流形"。(《易·乾卦·象》)

于是,"天地氤氲,万物化醇,男女媾精,万物化生"。(《易·系辞下传》)

其人望见天地之气缠绵交密，圆转不已，周而复始，其上有云气，悴兮直上，忽兮改容，须臾之间，变化无穷。

此何气也？

所谓朝云者也。

何谓朝云？

妾，巫山之女也，旦为朝云，暮为行雨，朝朝暮暮，阳台之下。（参见宋玉《高唐赋》）

"云雨"者，其非男女欢会者也？（李白《清平调》：一枝秾艳露凝香，云雨巫山枉断肠。）

春，"天气下降，地气上腾。天地和同，草木萌动"。（《礼记·月令》）天气氤氲，和风布畅，百卉敷芬，平野葱翠。川流清冷，鱼悠游于春水；碧空如洗，鸟展翼于高云。（郑玄注《周礼·春官·女巫》"祓除衅浴"云："岁时祓除，如今三月上巳如水上之类。衅浴，谓以香熏草药之汤沐浴。"《汉书·礼仪志》：三月上巳，官民皆洁于东流水上，曰洗濯祓除去宿垢痰为大洁。《太平御览》卷八八六引《韩诗外传》："郑国之俗，三月上巳之日，于两水上招魂续魄，祓除不祥。"）

溱与洧，方涣涣兮。士与女，方秉蕳兮。

（有水溱与洧，其水涣涣早。少年与少女，手持兰花草。）

风

女曰"观乎？"士曰"既且"。"且往观乎！"
（女问"可游观？"男答"去过矣"。"何妨再游观！"）

洧之外，洵讦且乐。
（洧水那边，怡情复欢畅。）

维士与女，伊其相谑，赠之以勺药。
（少年与少女，调笑复戏谑，相赠以芍药。）

（《诗·郑风·溱洧》）

其人眺望良久，若有所悟。男女情事即为"天地交泰"，美其事曰"巫山云雨"，此若非《溱洧》所言者也欤？故则，"《诗》总六义，《风》冠其首，斯乃化感之本源，志气之符契也"。（刘勰《文心雕龙·风骨篇》）

其人少时，父早丧，母氏守节。居住之所近于墓，学为丧葬之事。其母曰：此地非我子所宜也。又住市镇，近屠户，学为买卖屠杀之事。母曰：此地非我子所宜也。继而迁于学宫之旁。每月朔望，官员入文庙，行礼跪拜，揖让进退，其人一一习记。其母曰：此真乃我子所居之地也。（参见刘向《列女传·母仪》）

母亲大人，孩儿恐从此将忧患终生矣。文字之害，莫甚于此。（苏轼《石苍舒醉墨堂》：人生识字忧患始，姓名粗记可以休。)

出生即已是忧患也，此后何忧患之有？

母亲大人，孩儿将去远游求学。此一去关山万里。"慈母手中线，游子身上衣。临行密密缝，意恐迟迟归。谁言寸草心，报得三春晖。"(孟郊《游子吟》)

"焉得萱草，言树之背。"(《诗·卫风·伯兮》)他种萱草于母亲堂前，取忘忧之意。(朱熹《诗集传》："谖草，令人忘忧；背，北堂也。")"萱草生堂阶，游子行天涯；慈母倚堂门，不见萱草花。"(孟郊《游子诗》)

他登高望远，但见前路漫漫，不知所处。"青青陵上柏，磊磊涧中石。人生天地间，忽如远行客。"(《古诗十九首·青青陵上柏》)

伐木丁丁，鸟鸣嘤嘤。出自幽谷，迁于乔木。
(伐木声丁丁，鸟鸣声嘤嘤。其出自幽谷，翩飞往乔木。)
嘤其鸣矣，求其友声。相彼鸟矣，犹求友声。
(嘤嘤其鸣矣，求其友回应。可知其鸟鸣，犹是求友声。)
矧伊人矣，不求友生？神之听之，终和且平。
(况且人之生，非不求友情？凝神仔细听，和谐且闲宁。)

(《诗·小雅·伐木》)

"独学而无友，则孤陋而寡闻。"(《礼记·学记》)弟初出茅庐，四顾茫然。还望兄台指点。

君子敬而无失，与人恭而有礼；四海之内，皆兄弟也。君子何患乎无兄弟也？(《论语·颜渊》)况乃"有朋自远方来，不亦乐乎？"(《论语·学而》)

自上古以来，历经丧乱，旧谱亡失，家世已不可考，上世次序不复可知，只知家在学宫之侧。

我弟志在"学而优则仕"乎？

父遗言曰："且夫孝，始于事亲，中于事君，终于立身。扬名于后世，以显父母，此孝之大者也。"(《史记·太史公自序》)

贤弟莫若学诗也。夫诗者，君子为己之学也。诗之为道，人生之事也。(《论语·阳货》：小子何莫学夫诗，诗可以兴，可以观，可以群，可以怨，迩之事父，远之事君，多识于鸟兽草木之名。)"陟彼高冈，我马玄黄。我姑酌彼兕觥，维以不永伤。"(《诗·周南·卷耳》)此何谓焉？

登山则情满于山，观海则意溢于海，我才之多少，将与风云而并驱矣。(《文心雕龙·神思篇》)

然"登山有道，徐行则不困，措足于实地则不危"。(许顗《彦周诗话》)先师曰："志于道，据于德，依于仁，游于艺。"(《论语·述而》)此乃学诗之根本也。

弟正当少年，期以骏马吟鞭，映照山川。"十步杀一人，千里不留行。事了拂衣去，深藏身与名。"（李白《侠客行》）

贤弟，学诗非如是也。《诗经》，其雅驯美瞻，群情皆备，文质彬彬，温柔敦厚，群经中之君子也。（《孟子·万章下》：颂其诗，读其书，不知其人，可乎？是以论其世也，是尚友也。）"谁谓河广？一苇杭之。谁谓宋远？跂予望之。"（《诗·卫风·河广》）此何谓焉？

弟与兄周览四海名山大川而见其钟灵毓秀，与天下豪俊交游而结为死生之友。读此无字之书，禀山川豪气，何其快哉！（参见《史记·五帝本纪》：余尝西至空桐，北过涿鹿，东渐于海，南浮江淮矣，至，长老皆各往往称黄帝、尧、舜之处，风教固殊焉。《河渠书》：余南登庐山，观禹疏九江，遂至于会稽太湟，上姑苏，望五湖；东窥洛汭、大邳，迎河，行淮、泗、济、漯洛渠；西瞻蜀之岷山及离碓；北自龙门至于朔方。曰：甚哉，水之为利害也！）"路漫漫其修远兮，吾将上下而求索。"（《离骚》）弟略知：诗，待穷者而后工也。

或为未当。所谓诗待穷者而后工，未必如是。夫穷通者，时也。达则行于天下，穷则独善其身。此为学诗之本。《诗》三百六篇，其精深醇粹，博大宏远者,有圣人所作者也,有贤人所作者也。"吉甫作诵,穆如清风。仲山甫永怀,以慰其心。"(《诗·大雅·烝民》)此何谓焉?

弟以为,其为诗者,君子也。岂非"兴于诗,立于礼,成于乐"乎?(《论语·泰伯》)"亦余心之所善兮,虽九死其尤未悔。"(《离骚》)

为诗者,固然君子者也。然不可轻言死生,以其不祥也。"皎皎白驹,在彼空谷。生刍一束,其人如玉。"(《诗·小雅·白驹》)此何谓焉?

兄台,为诗者当自得自娱自乐洁身而自好,或为此意?弟常"开卷有得,便欣然忘食。见树木交荫,时鸟变声,亦复欢尔有喜"。(陶渊明《戒子书》)若此,或可学诗耶?

诗者,与人生悠然有会,率尔成篇,取已怀而已。"树木交荫"皆自然之诗,"时鸟变声"皆自然之丝竹,会于一心而已。诗者,出于性情,因人之善恶而形之言也。日月星辰、风雨云雷、山川草木、鸟兽虫鱼、衣服器用,或目之所触,或意之所寓,苟可藉之以为言而谕人者,莫不备有。

弟亦有闻,"千秋万岁名,寂寞身后事"。(杜甫《梦李白二首》之一)此生或曰穷困,或曰寂寞,然身后可以其诗享诗人之名。可如是乎？

此仍是功利之心也。"不亏不崩，不震不腾。三寿作朋，如冈如陵。"（《诗·鲁颂·閟宫》）此何谓焉？

"岂意百炼刚，化为绕指柔。"（刘琨《寄赠别驾卢谌》）以兄台之意，所谓诗与诗人，两不入胸中，如此方可成就？

"关关雎鸠，在河之洲。窈窕淑女，君子好逑。"（《诗·周南·关雎》）此何谓焉？

莫非"乐而不淫，哀而不伤"？（《论语·八佾》）君子温柔敦厚，情意恳切，出于诚挚温润之仁心。（马一浮《蠲戏斋诗话》："诗教本仁，故主于温柔敦厚。"）可如是乎？

到"何可一日无此君"之境界，则成矣。（陶渊明《五柳先生传》：尝著文章自娱，颇示己志，忘怀得失。）

"青青子衿，悠悠我心。但为君故，沉吟至今。"（曹操《短歌行》）兄台之意，弟以为知其可而为之，知其不可而亦为之。然不可离之须臾。请教兄台，如此可以学诗否？

请先观大河兮扬波澜，其江水兮直入海。取其道兮泰山阿，望日出兮极六合。瞻东海之云横兮，感天地之鸿蒙。逐日昆仑兮其苍茫，王母赐我以玉浆。逢洞庭波兮木叶下,其水共长天一色。朝辞西南之崇山兮,暮夕济乎其江陵。乘长车兮莺飞草长,扬帆黄叶秋风。高原霰雪兮纷其无垠,天地浑然其无际。惟天涯之辽远兮,关塞唯其鸟道。茫茫九州浮日月兮,有垂钓蓑笠渔翁。有俗信鬼而好祀兮,其乐鼓舞以乐诸神。入庙陵余参拜兮,迷不知上古何如。庐墓陈以肃穆兮,乃仲尼之礼器车服。其道曰仁致高远兮,遂叙妙思以感泣。过稷下之学宫兮,高谈聊以娱心。吊灵均之汨罗兮,其人怀沙以沉。巫山高以蔽日兮,神女下以多雨。有君子忘归兮,忽反顾以流涕。(参见屈原《九歌》、《九章》诸篇)

如此痛快淋漓,竟何以为继?

"白茅纯束,有女如玉。"(《诗·召南·野有死麇》)此何谓哉?

"荡涤放情志,何为自结束?燕赵多佳人,美者颜如玉。"(《古诗十九首·东城高且长》)

子惠思我,褰裳涉溱。子不我思,岂无他人?
(若你见爱我,提衣涉溱水。若不思念我,我岂无他人爱?)
狂童之狂也且!
(你可真痴呆耶!)

子惠思我，褰裳涉洧。子不我思，岂无他士？
（若你见爱我，提衣涉洧水。若不思念我，我岂无他人爱？）
狂童之狂也且！
（你可真痴呆耶！）

（《诗·郑风·褰裳》）

此轻薄调笑之语耶？此亡国之音耶？（《论语·阳货》：子曰："恶紫之夺朱也，恶郑声之乱雅乐也，恶利口之覆邦家者。"《论语·卫灵公》：颜渊问为邦。子曰："行夏之时，乘殷之辂，服周之冕，乐则韶舞。放郑声，远佞人。郑声淫，佞人殆。"）

所谓亡国之音，至今所疑。音与声有别，与此《风》似不相类。（《吕氏春秋·本生》：靡曼皓齿，郑卫之音，务以自乐，命之曰伐性之斧。）

亡国之音岂关乎巫山云雨？（《汉书·地理志》：卫地有桑间濮上之阻，男女亦亟聚会，声色生焉，故俗称郑卫之音。《礼记·乐记》：桑间濮上之音，亡国之音也。）亡国之音者，如"小楼昨夜又东风，故国不堪回首月明中"，如"最是仓皇辞庙日，教坊犹奏别离歌，垂泪对宫娥"，皆是。

"隰有苌楚，猗傩其实。夭之沃沃，乐子之无室。"

(《诗·桧风·隰有苌楚》) 此何谓焉？

此乃乱离忧苦之音。羊桃虽处野地，受风霜侵袭，但无知无觉，更无家无室之累，此诗叹人其不如草木之无知无忧也。故亦是亡国之音。

"天之方难，无然宪宪。天之方蹶，无然泄泄。"（《诗·大雅·板》）此何谓焉？

亡国与亡天下有别。天下兴亡，匹夫有责。（顾炎武《日知录》：有亡国，有亡天下。亡国与亡天下奚辨？曰：易姓改号谓之亡国，仁义充塞而至於率兽食人，人将相食，谓之亡天下。……保天下者，匹夫之贱，与有责焉耳矣。）

"驾彼四牡，四牡项领。我瞻四方，蹙蹙靡所骋。"（《诗·小雅·节南山》）此何谓哉？

此君子之忧患也。"百草千花寒食路，香车系在谁家树"（冯延巳《鹊踏枝》），与此约略似之，此亦君子之忧世也。（参见王国维《人间词话》第二十五节）

"蜉蝣之羽，衣裳楚楚。心之忧矣，于我归处。"（《诗·曹风·蜉蝣》）此何谓哉？

"人生非金石，岂能长寿考"（《古诗十九首·回车驾言迈》），"人生寄一世，奄忽若飙尘"（《古诗十九首·今日良宴会》），故则，"生年不满百，常怀千岁忧"。（《古诗十九首·生年不满百》）

"既见君子,并坐鼓瑟。今者不乐,逝者其耋。"(《诗·秦风·车邻》)此何谓哉?

"不如饮美酒,被服纨与素"(《古诗十九首·驱车上东门》),"斗酒相娱乐,聊厚不为薄。驱车策驽马,游戏宛与洛。洛中何郁郁,冠带自相索。长衢罗夹巷,王侯多第宅。两宫遥相望,双阙百余尺。极宴娱心意,戚戚何所迫?"(《古诗十九首·青青陵上柏》)

先师说,"逝者如斯夫,不舍昼夜"。此何谓哉?

"寄蜉蝣于天地,渺沧海之一粟。哀吾生之须臾,羡长江之无穷。"(苏轼《前赤壁赋》)故云:"死生亦大矣,岂不痛哉!"(王羲之《兰亭集序》)

"渐渐之石,维其高矣。山川悠远,维其劳矣。"(《诗·小雅·渐渐之石》)此何谓哉?

盖文章,经国之大业,不朽之盛事。年寿有时而尽,荣乐止乎其身,二者必至之常期,未若文章之无穷,是以古之作者,寄身于翰墨,见意于篇籍,不假良史之辞,不托飞驰之势,而声名自传于后。(曹丕《典论·论文》)

爰采唐矣?沫之乡矣。云谁之思?美孟姜矣。
(何处采女萝?在彼沫之乡。所思云之谁?美人乃孟姜。)

期我乎桑中,要我乎上宫,送我乎淇之上矣。
(约我桑林中,邀我会祠堂,送我淇水上。)

爰采麦矣?沫之北矣。云谁之思?美孟弋矣。
(何处采麦穗?在彼沫之北。所思云之谁?美人乃孟戈。)
期我乎桑中,要我乎上宫,送我乎淇之上矣。
(约我桑林中,邀我会祠堂,送我淇水上。)

爰采葑矣?沫之东矣。云谁之思?美孟庸矣。
(何处采芜菁?在彼沫之东。所思云之谁?美人乃孟庸。)
期我乎桑中,要我乎上宫,送我乎淇之上矣。
(约我桑林中,邀我会祠堂,送我淇水上。)

(《诗·鄘风·桑中》)

"春日迟迟,卉木萋萋。仓庚喈喈,采蘩祁祁。"(《诗·小雅·出车》)此何谓哉?

杜鹃羽毛憔悴,哀鸣不息,其为蜀帝之魂。岂意往日天子之尊,未脱死生变化之理。故曰:"夫天地者,万物之逆旅;光阴者,百代之过客。而浮生若梦,为欢几何?"(李白《春夜宴桃李园序》)

"悠悠苍天,曷其有所?""悠悠苍天,曷其有极？""悠悠苍天，曷其有常？"（《诗·唐风·鸨羽》）此何谓焉？

末世衰风席卷天下之际，昔日华茂之林无不随风披靡，当今天下扰攘之时，愚弟正欲藉之以立奇功耳。

诗非如是也。诗必因有所为而作，纯是元气结成，到发愤处故成绝调，自足感人。"以感为体者，其惟诗乎？在心为志，发言为诗，志即感也。感之浅者其言粗近，感之深者其言精至。情感所发为好恶，好恶得其正，即礼义也。"（马一浮《蠲戏斋诗话》卷一）

愚弟期之以"目送归鸿，手挥五弦。俯仰自得，游心太玄"（嵇康《四言赠兄秀才入军诗》），此如何不是元气结成？

贤弟可知"目送归鸿，手挥五弦"其人乎？其人"身长七尺八寸，美词气，有风仪，而土木形骸，不自藻饰，人以为龙章凤姿，天质自然"。（《晋书·嵇康传》）然生当乱世，"目送归鸿，手挥五弦"岂非避祸全身乎？其人一代名士，其诗气峻辞清，立意高远；其文气势磅礴，远迈不群；其琴千古风流，然已成绝响矣。（《世说新语·雅量》：嵇中散临刑东市，神气不变。索琴弹之。奏《广陵散》。曲终曰："袁孝尼尝请学此散，吾靳固不与，《广陵散》于今绝矣！"）贤弟须知，于乱世中，洁身自好不足以安身立命也。

愚弟以为，君子固有英特迈往之气，不受折困，可畏而仰哉！有云："朝饮木兰之坠露兮，夕餐秋菊之落英。"（屈原《离骚》）其君子之胸襟耶？

贤弟可知"朝饮木兰之坠露，夕餐秋菊之落英"其人乎？其人"苏世独立，横而不流"，"受命不迁"，"深固难徙"，"秉德无私，参天地兮"。（屈原《橘颂》）其人"行吟泽畔，颜色憔悴，形容枯槁"。（屈原《渔父》）其人"知死不可让，愿勿爱兮"，（屈原《怀沙》）遂怀沙自沉，至今其魂犹吟《哀郢》之辞也。其人以天籁真情写诗也，曰醇曰幻，故其诗一字一血泪也。世人不明此，名之曰"幽深"，曰"忧思"，曰"惝恍迷离"，曰"借问天以抒愤"，云云。其实在一个"情"字。"情者，心之精也。情无定位，触感而兴，既动于中，必形于声。故喜则为笑哑，忧则为吁戏，怒则为叱咤。然引而成音，气实为佐；引音成词，文实与功。盖因情以发气，因气以成声，因声而绘词，因词而定韵，此诗之源也。"（徐祯卿《谈艺录》）

"衡门之下，可以栖迟。泌之洋洋，可以乐饥。"（《诗·陈风·衡门》）愚弟知"诗缘情而绮靡"（陆机《文赋》），欲以此情入"语不惊人死不休"之境也。

贤弟可知"语不惊人死不休"其人乎？其人"七龄思即壮，开口咏凤凰"（杜甫《壮游》），少年时"读书破万卷，下笔如有神"（杜甫《奉赠韦左丞丈二十二韵》），青年时"会当凌绝顶，一览众山小"（杜甫《望岳》）。其人志在"致君尧舜上，再使风俗淳"（杜甫《奉赠韦左丞丈二十二韵》），"牛尽耕，蚕亦成，不劳烈士泪滂沱，男谷女丝行复歌"。（杜甫《蚕谷行》）其人自伤"朝扣富儿门，暮随肥马尘。残杯与冷炙，到处潜悲辛"（杜甫《奉赠韦左丞丈二十二韵》），哀叹"朱门酒肉臭，路有冻死骨"，然则"穷年忧黎元，叹息肠内热"。（杜甫《自京赴奉先县咏怀五百字》）"床头屋漏无干处，雨脚如麻未断绝"之时，则望"安得广厦千万间，大庇天下寒士俱欢颜，风雨不动安如山！"（杜甫《茅屋为秋风所破歌》）其人自称乃"乾坤一腐儒"也。（杜甫《江汉》）

"遵彼汝坟，伐其条枚。未见君子，惄如调饥。"（《诗·周南·汝坟》）愚弟想见其人矣。其人挺于流俗之中，无禄位，久贫贱，穷愁潦倒颠沛流离之极，然穷老不惑，忧在天下，不为一己之得失，凡所为诗，皆属风雅。

诗人之作，本诸于心，心有所感而形于言，言合典谟则列于风雅。（高仲武《中兴间气集序》）夫情能动物,故诗足以感人。荆轲变徵,壮士瞋目;延年婉歌,汉武慕叹。凡厥含生,情本一贯,所以同忧相瘁,同乐相倾者也。故诗者风也,风之所至,草必偃焉。(徐祯卿《谈艺录》)

野有死麕,白茅包之。有女怀春,吉士诱之。
(郊野死獐陈,白茅覆其身。有女萌春心,士子诱以引。)
林有朴樕,野有死鹿。白茅纯束,有女如玉。
(林中有小树,郊野有死鹿。白茅结成束,有女润如玉。)
舒而脱脱兮,无感我帨兮。无使尨也吠。
(且请轻柔些,莫乱我配巾,莫使大狗吠。)

(《诗·召南·野有死麕》)

仁兄,《野有死麕》其情正也夫?其风雅乎?其"思无邪"乎?

诗三百,为圣人裁定,焉有淫邪猥琐下流之作?!(朱熹《读吕氏诗记桑中篇》:彼虽以有邪之思作之,而我以无邪之思读之,则彼之自状其丑者,乃所以为吾警惕惩创之资。……曲为训说而求其无邪于彼,不若反而责之于我之切也。)"盖言诗三百篇,无论孝子、忠臣、怨男、愁女,皆出于至情流溢,直写衷曲,毫无伪托虚徐之

意。"（郑浩《论语集注述要》）桑间濮上，《国风》刺之，尼父录焉，以是为情真而不可废也。（冯梦龙《山歌》）

"青青河畔草，郁郁园中柳。盈盈楼上女，皎皎当窗牖。娥娥红粉妆，纤纤出素手。昔为倡家女，今为荡子妇。荡子行不归，空床难独守。"（《古诗十九首·青青河畔草》）其为淫词耶？

可为淫鄙之尤。然无视为淫词、鄙词者，以其真也。（王国维《人间词话》第六十二节）

"宿昔不梳头，丝发披两肩。婉伸郎膝上，何处不可怜。"（南朝乐府《子夜歌》）其非"咀五色之灵芝，香生九窍；咽三危之瑞露，美动七情"乎？（韩偓《香奁集·序》）

动不得也，动不得也。（许顗《彦周诗话》：高秀实又云："元氏艳诗，丽而有骨，韩偓《香奁集》丽而无骨。"）何谓"动情"？"情动于中而形于言，言之不足，故嗟叹之。嗟叹之不足，故咏歌之。咏歌之不足，不知手之舞之足之蹈之也。"（《诗大序》）故其为诗者，所以美心也。

"如今却忆江南乐，当时年少春衫薄。骑马倚斜桥，满楼红袖招。"（韦庄《菩萨蛮》）此不美心乎？

读之但觉其亲切动人。非无鄙词，但觉其精力弥满。可知淫词与鄙词之病,非淫与鄙之病,而游词之病也。(王国维《人间词话》第六十二节)规模物类,依托歌舞。哀乐不衷其性,虑欢无与乎情。连章累篇,义不出乎花鸟。感物指事,理不外乎酬应。虽既雅而不艳,斯有句而无章。是谓游词。(金应圭《词选·后序》)

"晚来一阵风兼雨,洗尽炎光。理罢笙簧,却对菱花淡淡妆。/绛绡缕薄冰肌莹,雪腻酥香。笑语檀郎:今夜纱厨枕簟凉。"(李清照《丑奴儿》)此淫词乎?艳词乎?游词乎?

艳诗有述欢好者,有述怨情者,《三百篇》亦所不废;顾皆流览而达其定情,非沉迷不反,以身为妖冶之媒也。(王夫之《姜斋诗话》)

手如柔荑,肤如凝脂。领如蝤蛴,齿如瓠犀。
(其手柔如叶,其肤如凝脂。其颈白如雪,其齿如含贝。)
螓首蛾眉,巧笑倩兮,美目盼兮。
(润额复蛾眉,巧笑何倩倩,秀目顾且盼。)

(《诗·卫风·硕人》)

"手如柔荑"云云,犹是以物比物,未见其神。至曰"巧笑倩兮,美目盼兮",则传神写照,正在阿堵,

147

直把个绝世美人活活地请出来,在书本上滉漾,千载而下,犹如亲见其笑貌。(孙联奎《诗经臆说》)

此一"笑"足令千秋怅望。然此"巧笑"竟是何笑耶?

容或"若有人兮山之阿,被薜荔兮带女萝。既含睇兮又宜笑,子慕予兮善窈窕"?(屈原《九歌·山鬼》)

何如"美人既醉,朱颜酡些;娭光眇视,目曾波些"?(屈原《招魂》)

岂非"美人一笑褰珠箔,遥指红楼是妾家"?(李白《陌上赠美人》)

巧笑者,实未笑也。某曾与其时,或有相思者以其为笑也。

某亦曾与其时。非不笑也,不笑所以深笑者也,与某人相视而笑,心有所会,故巧也。"秋兰兮青青,绿叶兮紫茎;满堂兮美人,忽独与余兮目成。"(《九歌·少司命》)

某以为,此"巧笑"乃自成其美,如"瞬美目以流盼,含言笑而不分"(陶渊明《闲情赋》),与他人并无关涉,自成其美者,所谓"静美"、"静好"者也。

"桃之夭夭,灼灼其华。之子于归,宜其室家。"(《诗·周南·桃夭》)其如何也?

"去年今日此门中,人面桃花相映红。"(崔护《题都城南庄》)其时春风融融,兴象葱茏,花木丛萃,生机流荡。有桃花倚门,似意属殊厚。"你未看此花时,此花与汝心同归于寂;你来看此花时,则此花颜色一时明白起来,便知此花不在你的心外",(王阳明《传习录下》)于是心中相映,颇不胜情。后绝不复至,以存其美。有诗曰:"垂杨小苑绣帘东,莺阁残枝蝶乘风。最是西陵寒食路,桃花得气美人中。"(柳如是《西湖八绝句》之一)

"彼泽之陂,有蒲与荷。"(《诗·陈风·泽陂》)其如何也?

"荷叶罗裙一色裁,芙蓉向脸两边开。"(王昌龄《采莲曲》)其人棹入荷塘,叶与裙同色,花与脸相映,及闻歌声,方知有人来也。

"彼泽之陂,有蒲菡萏。"(《诗·陈风·泽陂》)其如何也?

"制芰荷以为衣兮,集芙蓉以为裳。"(《离骚》)若非其人特立不群、洁身自好也欤?

"彼泽之陂,有蒲与茼。"(《诗·陈风·泽陂》)其如何也?

滔滔人世中,其人自我期许,内心自得,不以得丧休戚芥蒂其中也。故"予独爱莲之出淤泥而不染，濯清涟而不妖，中通外直，不蔓不枝，香远益清，亭亭净植，可远观而不可亵玩焉"。(周敦颐《爱莲说》)

"颜如舜华"，"颜如舜英"。(《诗·郑风·有女同车》)其如何也？

"色，颜气也"，(《说文解字·色部·色》)颜，眉目之间也。"色，女人也。女有姿色，男子悦之，故经传之文通谓女人为色。"(《论语·学而》邢昺注："贤贤易色。")花比女子，"盖其于类为宜，不独在颜色之间"。(王若虚《滹南诗话》)

先师曰，"吾未见好德如好色者也"。(《论语·子罕》)此何谓哉？

无奈"目欲视好色"也。(《韩诗外传》卷五)佳人不同体，美人不同面，而皆悦于目。(《淮南子·说林训》)姿色之美，其源于性，似无可如何也。

"月出皎兮，佼人僚兮。舒窈纠兮，劳心悄兮。"(《诗·陈风·月出》)此何谓焉？

其体态轻盈如水，亭亭玉立，婀娜多姿。"未尝见中国之女如其美也。寡人之独何为不好色也？"(《战国策·楚策三》)

然则，写"云鬓"、"柳眉"、"桃面"、"秀颈"、

风

"檀口"、"纤指"、"酥胸"、"小蛮腰"、"三寸金莲",自上而下之描写,其得失若何?

"色",发乎于性而止于色,淫也,以其无情故耳。"色",发乎于情而止于礼,雅也,以其情真故耳。《诗经》以香草春花极写色之美华,皆出以真情,情发于中,止乎于礼,故千古之风雅也。(王国维《人间词话》第三十二节:词之雅郑,在神不在貌。永叔少游虽作艳语,终有品格。方之美成,便有淑女与倡伎之别。)

"何彼秾矣,唐棣之华。曷不肃雍,王姬之车。"(《诗·召南·何彼秾矣》)此何谓焉?

美貌横生,烨乎如花,温乎如莹。五色并驰,不可殚形。……眸子炯其精朗兮,瞭多美而可观。眉联娟以蛾扬兮,朱唇的其若丹。(宋玉《神女赋》)

有人继之曰:

北方有佳人,绝世而独立,一顾倾人城,再顾倾人国。宁不知倾城与倾国,佳人难再得!(《汉书·外戚传》)

有人和之曰:

其形也,翩若惊鸿,婉若游龙。荣曜秋菊,华茂春松。仿佛兮若轻云之蔽月,飘飘兮若流风之回雪。远而望之,皎若太阳升朝霞;迫而察之,灼若芙蕖出

渌波。（曹植《洛神赋》）

臣少曾远游，周览九土，足历五都。出咸阳，熙邯郸，从容郑、卫、溱、洧之间。是时，向春之末，迎夏之阳，鸧鹒喈喈，群女出桑。此郊之姝，华色含光，体美容冶，不待饰装。臣观其美丽者，因称诗曰："遵大路兮揽子祛，赠以芳华辞甚妙。"（宋玉《登徒子好色赋》）

于是处子恍若有望而不来，忽若有来而不见。意密体疏，俯仰异观，含喜微笑，窃视流眄。复称诗曰："寤春风兮发鲜荣，洁斋俟兮惠音声，赠我如此兮，不如无生。"因迁延而辞避。盖徒以微辞相感动，精神相依凭。目欲其颜，心顾其义，扬诗守礼，终不过差。故足称也。（宋玉《登徒子好色赋》）

青青子衿，悠悠我心。纵我不往，子宁不嗣音？
（青青兮你衣领，悠悠兮我心情。纵我未赴约，你为何无回音？）

青青子佩，悠悠我思。纵我不往，子宁不来？
（青青兮你佩带，悠悠兮我情怀。纵我未赴约，你为何不再来？）

挑兮达兮，在城阙兮。一日不见，如三月兮。
（踱步来复往，我于城阙上。一日不见君，如隔三月长。）

（《诗·郑风·子衿》）

"终朝采绿，不盈一匊。予发曲局，薄言归沐。"（《诗·小雅·采绿》）此何谓焉？

"新丰美酒斗十千，咸阳游侠多少年。相逢意气为君饮，系马高楼垂柳边。"（王维《少年行》）愚弟以为，其人少学琴书，游学江海，仗剑独行，气吞万里，或欲以天下为己任，岂以儿女私情为念乎？

"厌浥行露。岂不夙夜？谓行多露。"（《诗·召南·行露》）此何谓焉？

"伤彼蕙兰花，含英扬光辉；过时而不采，将随秋草萎。"（《古诗十九首·冉冉孤生竹》）其人夜不能寐，起坐弹琴，孤鸿号于外野，翔鸟鸣于北林，或慨世道之变迁，伤一己之淹滞，其别有怀抱耶？

"投我以木桃，报之以琼瑶。匪报也，永以为好也。"（《诗·卫风·木瓜》）此何谓焉？

愚弟以为，投我之物虽薄，而我报之以琼玉可贵之物。琼瑶者，情也。其情之婉恋，良有以也。情为世间最为贵者。"君知妾有夫，赠妾双明珠。感君缠绵意,系在红罗襦。妾家高楼连苑起,良人执戟明光里。知君用心如日月,事夫誓拟同生死。还君明珠双泪垂,恨不相逢未嫁时。"(张文昌《节妇吟》)垂泪以还珠,报之以"恨不相逢未嫁时",此尤可贵者也。

"维南有箕,不可以簸扬。维北有斗,不可以挹酒浆。"(《诗·小雅·大东》)此何谓焉?

"姑苏台上乌栖时,吴王宫里醉西施。吴歌楚舞欢未毕,青山欲衔半边日。银箭金壶漏水多,起看秋月坠江波。东方渐高奈乐何。"(李白《乌栖曲》)愚弟与仁兄壮游天下,放浪形骸,东山携妓,山水纵情,然回望尘世沧桑,心亦有戚戚然也。

"风雨如晦,鸡鸣不已",(《诗·郑风·风雨》)"瞻卬昊天,有嘒其星"。(《诗·大雅·云汉》)此何谓哉?

"山峻高以蔽日兮,下幽晦以多雨;霰雪纷其无垠兮,云霏霏而承宇。"(屈原《九章·涉江》)愚弟以为,其人身处衰世,则欲澄清天下,故自强不息,无一日稍懈,是则"奉上天之成命,师圣人之遗书。发忠孝于君亲,生信义于乡闾"。(陶渊明《感士不遇赋》)

蒹葭苍苍,白露为霜。所谓伊人,在水一方。
(芦荻其苍苍,白露结成霜。所思之伊人,恰在水一方。)

溯洄从之,道阻且长。溯游从之,宛在水中央。
(我愿逆流上,道险又漫长。我愿顺流下,却宛在水中央。)

蒹葭凄凄,白露未晞。所谓伊人,在水之湄。
(芦荻也萋萋,白露尚依稀。所思之伊人,恰在水之湄。)

溯洄从之,道阻且跻。溯游从之,宛在水中坻。
(我愿逆流上,路险难攀援。我愿顺流下,却宛在沙洲间。)

蒹葭采采,白露未已。所谓伊人,在水之涘。
(芦荻何漫漫,白露尚依然。所思之伊人,恰在水岸边。)

溯洄从之,道阻且右。溯游从之,宛在水中沚。
(我愿逆流上,路险且曲弯。我愿顺流下,却宛在水中滩。)

(《诗·秦风·蒹葭》)

其所求者,触之而不可及,望之而不可即,见之而不可求。故其情思绵长而悠远,恍惚飘摇,若飘若止,若有若无。若情之为物,虚幻而未形,其终可得乎?求不得苦,岂非相思为最苦者欤?

"江有沱,之子归,不我过。不我过,其啸也歌。"(《诗·召南·江有汜》)此何谓焉?

"隔江人在雨声中,晚风菰叶生愁怨。"(吴文英

《踏莎行》）愚弟生之不辰，命蹇时乖。常惧志行之无闻，故克勤克俭，如履薄冰。岂知穷达有命，美恶难分，天道微茫，信难求也。而没世无闻，古人惟耻。朝闻夕死，孰云其否？（参见司马迁《悲士不遇赋》）

"有杕之杜，生于道左。彼君子兮，噬肯适我？"（《诗·唐风·有杕之杜》）此何谓焉？

"昨夜西风凋碧树。独上高楼，望尽天涯路。"（晏殊《蝶恋花》）愚弟曾闻，欲成真人生者，必经三种之境界，此为第一境也。此境亦非君子不能体悟也。（参见王国维《人间词话》第二十六节）

余尝为少年言，士大夫处世可以百为，唯不可俗，俗便不可医也。或问不俗之状，老夫曰难言也。视其平居无以异于俗人，临大节而不可夺，此不俗人也；平居终日如含瓦石，临事一筹不画，此俗人也。（黄庭坚《书缯卷后》）

"无矢我陵，我陵我阿。无饮我泉，我泉我池。"（《诗·大雅·皇矣》）此何谓焉？

眺望中原，风景不殊，正自有山河之异。"国破山河在，城春草木深。感时花溅泪，恨别鸟惊心。"（杜甫《春望》）"山河在"，明无余物矣；"草木深"，明无人矣。花鸟平时可娱之物，见之而泣，闻之而悲，则

时可知矣。(司马光《司马温公诗话》)

"忧心如惔,不敢戏谈。国既卒斩,何用不监"。(《诗·小雅·节南山》)此何谓焉?

"可惜龙泉剑,流落在丰城。"(宋之问《送杜审言》)其人望见斗牛间有紫气,于丰城掘地得龙泉、太阿两剑。行役间剑跃出堕水,但见两龙各长数丈,蟠萦有文章,光彩照水,波浪惊沸,于是失剑。(参见《晋书·张华传》)后有诗曰:"宝剑双蛟龙。雪花照芙蓉。精光射天地。雷腾不可冲。一去别金匣。飞沉失相从。"(李白《古风五十九首》第十六首)

其人立于秋水。芦洲荻渚出没霜天烟江之间。蒹葭苍茫,秋波无际,露气水光,空明相击。天长水阔,光景孤澹,伊人或在水之一方,抑或忽焉有怀,有所依托而已矣。(王国维《人间词话》第六节:境非独谓景物也,喜怒哀乐,亦人心中之一境界。故能写真景物,真感情者,谓之有境界。否则谓之无境界。)其境愈益森茫,而伊人隐没,终至天地交融。(陈善《扪虱新话》:陶渊明诗:"采菊东篱下,悠然见南山。"采菊之际,无意于山,而景与意会,此渊明得意处也。)

"野有蔓草,零露漙兮。有美一人,清扬婉兮。邂逅相遇,适我愿兮。"(《诗·郑风·野有蔓草》)此何谓焉?

"此情可待成追忆，只是当时已惘然。"（李商隐《锦瑟》）枫林霜信，适逢红叶。有人憔悴自伤："予本恨人，伤心往事。江头燕子，旧垒都非；山上蘼芜，故人安在？久绝铅华之梦，况当摇落之辰。相遇则惟看杨柳，我亦何堪；为别已屡见樱桃，君还未嫁。听琵琶而不响，隔团扇以犹怜，能无杜秋之感、江州之泣也！"（吴梅村《琴河感旧》序）

回首之间，但见乾坤疮痍，人烟萧瑟。松声恸哭，寒泉幽咽。阴风席卷，苍崖吼裂。月照白骨，旌旗明灭。

"君子秉心，维其忍之。心之忧矣，涕既陨之。"（《诗·小雅·小弁》）此何谓焉？

"向来忧国泪，寂寞洒衣巾。"（杜甫《谒先主庙》）弟心中所感，有可为痛哭者，有可以流涕者，有可以长太息者，其悲愤抑郁之情，终不可解。月有圆缺，潮有起落，花有荣枯，人有生灭，世有盛衰，故常感孤独，不能自已。（《离骚》：国无人莫我知兮！《汉书·贾谊传》载《吊屈原赋》：国其莫我知兮，子独壹郁其谁语？）

"踧踧周道，鞫为茂草。我心忧伤，惄焉如捣。"（《诗·小雅·小弁》）此何谓焉？

"惜诵以致愍兮，发愤以抒情。"（《九章·惜诵》）

"悲回风之摇蕙兮,心冤结而内伤。"(《九章·悲回风》)其人歌之抑扬,涕泪满襟。愚弟见宫阙宗庙鞠为茂草,亦兴言感叹,实伤于怀。

我恐贤弟如此苦吟,或其寿不永也。(孟棨《本事诗·高逸》李白作诗戏赠杜甫:"借问别来太瘦生,总为从前作诗苦。")"何天之休,不竟不絿,不刚不柔。"(《诗·商颂·长发》)此何谓焉?

处歌舞升平之年代,愚弟常忧一生无所作为,而身逢天崩地坼之乱世,又常恐罹害遇祸,因故寄托吟咏,以抒衷怀。

昔龙泉宝剑埋没于丰城废墟,却有一股凌厉紫气冲天入云,待非常之人,生非常之时,行非常之事,庶几可为世人惊见也。其中有七分劫数,三分杀机。一代英豪碧血飞霞、丹心映日,嬉笑之怒,甚于裂眦;长歌之哀,过于恸哭。"不得其平则声若雷霆,涧水是也。寂寞无声,以宫商考之,则动而中律,金石丝竹是也。"(黄庭坚《胡宗元诗集序》)惟只情真亦不足以成诗。愁苦,哀怨,亦是情真,然无非徒伤卑老也。金石之声哀以闻,方不负深情。

"如彼雨雪,先集维霰。死丧无日,无几相见。乐酒今夕,君子维宴。"(《诗·小雅·頍弁》)此何谓哉?

"对酒当歌,人生几何?譬如朝露,去日苦多。慨当以慷,忧思难忘。何以解忧,唯有杜康。"（曹操《短歌行》）

燕燕于飞,差池其羽。之子于归,远送于野。
（燕燕故故飞,翩翩展翅羽。远嫁送小妹,相送于郊野。）
瞻望弗及,泣涕如雨。
（瞻望人已去,泣涕纷如雨。）

燕燕于飞,颉之颃之。之子于归,远于将之。
（燕燕故故飞,上下似舞风。远嫁送小妹,一程复一程。）
瞻望弗及,伫立以泣。
（瞻望人已去,伫立泪失声。）

燕燕于飞,下上其音。之子于归,远送于南。
（燕燕故故飞,其飞亦呢喃。远嫁送小妹,相送南复南。）
瞻望弗及,实劳我心。
（瞻望人已去,我心已潸潸。）

仲氏任只,其心塞渊。终温且惠,淑慎其身。
（小妹仲氏任,性情忠且温。良顺又贤惠,谨慎善其身。）

先君之思,以勖寡人。
（父王常牵念,慰我寡德人。）

(《诗·邶风·燕燕》)

"燕燕于飞,差池其羽。之子于归,远送于野。"(《诗·邶风·燕燕》)此何谓焉？

"悲莫悲兮生别离。"(《九歌·少司命》)死生聚散,实不测耳。生死不得相知,是以生之犹痛也。

"燕燕于飞,颉之颃之。之子于归,远于将之。"(《诗·邶风·燕燕》)此何谓焉？

"劝君更尽一杯酒,西出阳关无故人。"(王维《送元二使安西》)心事漂泊,天涯沦落,同病亦同忧也。临歧惜别,心有戚戚焉。虽云淡风轻,亦如凄风苦雨。其瞻顾而三叹,实令人怅然欲涕。

"燕燕于飞,下上其音。之子于归,远送于南。"(《诗·邶风·燕燕》)此何谓焉？

"二句三年得,一吟双泪流。知音如不赏,归卧故山秋。"(贾岛《题诗后》)夫人生最难遇而最可感者,惟知音耳！非言之难,其听而识之者难遇也。琴非子期而不调,听者非伯牙莫属也。故云:"不惜歌者苦,但伤知音稀。"(《古诗十九首·西北有高楼》)知己分襟,惨于离别；神交作契，苦于相思。情之所钟，皆可以死，不独有痴情也。

其人于歧路断林之侧，手挥五弦，凄禽寒鸦，相和悲鸣。

"嘤其鸣矣，求其友声。相彼鸟矣，犹求友声。"（《诗·小雅·伐木》）此何谓焉？

此《广陵散》也。其音主商，商为秋声，天将肃杀，草木摇落，其岁之晏乎？散者流，亡之谓也。其音哀愤而噍杀，操䗱而憯痛，天下之乱其应乎此。（参见《大唐传载》）

击鼓其镗，踊跃用兵。土国城漕，我独南行。
（击鼓声锵锵，踊跃齐出兵。家国又筑城，我随军南行。）

从孙子仲，平陈与宋。不我以归，忧心有忡。
（将军孙子仲，调停陈与宋。何时返归程，我心忧忡忡。）

爰居爰处？爰丧其马？于以求之？于林之下。
（驻扎于何处？为何丧其马？何处可寻找？其在树林下。）

死生契阔，与子成说。执子之手，与子偕老。
（死生与聚散，与你立誓言。此生相牵手，与你到白头。）

风

于嗟阔兮,不我活兮。于嗟洵兮,不我信兮。
(长叹久别离,虽生其如死。长叹隔千里,誓言岂可期。)

(《诗·邶风·击鼓》)

"于嗟阔兮,不我活兮。于嗟洵兮,不我信兮。"(《诗·邶风·击鼓》)此何谓焉?

"去者日以疏,生者日已亲。出郭门直视,但见丘与坟。古墓犁为田,松柏摧为薪。白杨多悲风,萧萧愁杀人!思还故里闾,欲归道无因。"(《古诗十九首·去者日以疏》)

"心之忧矣,如匪澣衣。静言思之,不能奋飞。"(《诗·邶风·柏舟》)此何谓焉?

有人得一雁,以线联其两翮,使不能飞。雁闻长空雁唳,辄昂首而鸣。有群雁过,此雁大鸣,一雁自空而下落于屋檐,两雁相顾,引吭奋翮,一欲招之下,一欲引之上。其人乃断其线使飞,而此雁垂翅既久,不能奋飞,屡飞屡堕,竟不得去。屋檐之雁守之终日,相对哀鸣,越日俱毙矣。(参见俞樾《右台仙馆笔记》卷十四)

贤弟有伉俪之重也。"自伯之东,首如飞蓬,岂无膏沐?谁适为容!其雨其雨,杲杲出日。愿言思伯,甘心首疾！"（《诗·卫风·伯兮》）此何谓焉？

"夜阑更秉烛，相对如梦寐。"（杜甫《羌村》）其人乱后生还，惊喜猜疑，惟有唏嘘。不意世事翻覆，繁华落尽。心与身俱为沧桑矣。"二十余年如一梦，此身虽在堪惊。"（陈与义《临江仙》）

"女曰鸡鸣，士曰昧旦。子兴视夜，明星有烂。"（《诗·郑风·女曰鸡鸣》）此何谓焉？

小康全盛之时，夜不闭户，路不拾遗，"稻米流脂粟米白，公私仓廪俱丰实。九州道路无豺虎，远行不劳吉日出"。（杜甫《忆昔二首》其二）至今思之，如同梦寐也。

"死生契阔，与子成说。执子之手，与子偕老。"（《诗·邶风·击鼓》）此何谓焉？

"今宵剩把银釭照，犹恐相逢是梦中。"（晏几道《鹧鸪天》）此乃前朝旧事，不胜隔世之感也。"杏花疏影里，吹笛到天明"，亦不可期也。然重逢惊喜之余，不无深憾，其美梦憔悴，玉颜失色，无非不复花好月圆而已，与劫后余生岂可同日而语哉？！

"就其深矣，方之舟之。就其浅矣，泳之游之。"（《诗·邶风·谷风》）此何谓焉？

"桃李春风一杯酒，江湖夜雨十年灯。"（黄庭坚

风

《寄黄几复》）诗以气为主，气以诚为主。故此可以神助，其妙意不可以言传。其如山川之有烟云，草木之有英华。士之养气，刚大塞乎天壤，忘利害而外生死，胸中超然。虽迁谪流离，历经千难万险，而气不为之少挫。若夫发为诗章，自胸襟流出，其高明闳远，温厚深醇，虽与日月争光可也。其诗章垂于后世，诵而读之者，想望风采，其慕仰为何如哉！

贤弟可知"桃李春风一杯酒，江湖夜雨十年灯"其人乎？其人宠辱不惊其心，富贵不动其志，虽穷困而不潦倒，虽百折而不失和平婉厚之气。其人"抱青云之器而陆沉林皋之下，与麋鹿同群，与草木共尽，独托于无用之空言，以为千岁不朽之计"，（黄庭坚《胡宗元诗集序》）然如"砥柱之屹中流，阅颓波之东注"。（黄庭坚《跋砥柱铭后》）"惟其君子，终古不磨，不见知于庸人，而见知于识者；不见容于群小，而无愧于古人。"（陆九渊《与沈宰》）

"蒹葭苍苍，白露为霜。所谓伊人，在水一方。溯洄从之，道阻且长。溯游从之，宛在水中央。"（《诗·秦风·蒹葭》）此何谓焉？

"衣带渐宽终不悔，为伊消得人憔悴。"（柳永《凤栖梧》）忆昔烟飞空翠之间，携娉婷登临之。如今风云人物，久已零落，故奇韵灭绝，风流不在。人间绝艳一如镜花水月，与繁华相共泯灭。

　　此人生之第二境也。（参见王国维《人间词话》第二十六节）香草美人，惊彩绝艳，乃山川钟灵毓秀而生，其人与之相遇巫山，亦属风云际会，虽可遇而不可求。若其可遇，其诗或可成也。

　　四月维夏，六月徂暑。先祖匪人，胡宁忍予？
　　（四月其时夏，六月消酷暑。先祖非他人，何忍我受苦？）

　　秋日凄凄，百卉具腓。乱离瘼矣，爰其适归？
　　（秋日总凄凄，百花俱枯萎。乱离遭病痛，何时可得归？）

　　冬日烈烈，飘风发发。民莫不穀，我独何害？
　　（冬日气萧森，狂风吹凛冽。他人皆安宜，惟我多悲切？）

　　山有嘉卉，侯栗侯梅。废为残贼，莫知其尤！
　　（山上有嘉卉，有栗亦有梅。命舛遭戕害，莫知其何罪！）

　　相彼泉水，载清载浊。我日构祸，曷云能穀？
　　（看山有泉水，亦清亦有浊。日日遭其祸，何福可遇过？）

滔滔江汉，南国之纪。尽瘁以仕，宁莫我有？
（滔滔江汉水，南国成纲纪。鞠躬以尽瘁，非我又其谁？）

匪鹑匪鸢，翰飞戾天。匪鳣匪鲔，潜逃于渊。
（我非鹰与雕，其可飞云霄。我非鲤与鲟，其可潜于渊。）

山有蕨薇，隰有杞桋。君子作歌，维以告哀。
（山有蕨与薇，洼有杞与桋。君子作歌吟，托此诉悲哀。）

（《诗·小雅·四月》）

"秋日凄凄，百卉具腓。乱离瘼矣，爰其适归？"（《诗·小雅·四月》）此何谓哉？

"我所思兮在太山，欲往从之梁父艰。侧身东望涕沾翰。美人赠我金错刀，何以报之英琼瑶。路远莫致倚逍遥，何为怀忧心烦劳。"（张衡《四愁诗》）

贤弟其有哀愁乎？"日月忽其不淹兮，春与秋其代序。惟草木之零落兮，恐美人之迟暮。"（《离骚》）其人引颈侧望，至于泪下涟涟，衣襟为湿，美人邈焉难求乎？美人情意相属乎？

"我所思兮在桂林，欲往从之湘水深。侧身南望涕沾襟。美人赠我琴琅玕，何以报之双玉盘。路远莫致

倚惆怅,何为怀忧心烦怏。"(《四愁诗》)

贤弟其有孤愤乎?其人本"帝高阳之苗裔"(《离骚》),正逢"袅袅兮秋风,洞庭波兮木叶下"(《九歌·湘夫人》),天下凋敝,满目凄凉,其人感慨良深者为何?

"我所思兮在汉阳,欲往从之陇阪长。侧身西望涕沾裳。美人赠我貂襜褕,何以报之明月珠。路远莫致倚踟蹰,何为怀忧心烦纡。"(《四愁诗》)

贤弟其有悲情乎?"皇天平分四时兮,窃独悲此凛秋。"(宋玉《九辩》)其人衰老与愁病交加,于登山临水之际,见草木摇落、万物萧瑟、山川寂寥、大雁南翔,故有诗曰:"风急天高猿啸哀,渚清沙白鸟飞回。无边落木萧萧下,不尽长江滚滚来。"(杜甫《登高》)

"我所思兮在雁门,欲往从之雪雰雰。侧身北望涕沾巾。美人赠我锦绣段,何以报之青玉案。路远莫致倚增叹,何为怀忧心烦惋。"(《四愁诗》)

贤弟其有伤怀乎?"悼余生之不时兮,逢此世之俇攘。"(《九辩》)有鸟失群,独哀其身。徘徊无定,日暮独飞。托身无所,远去无依,其声也哀,其鸣也悲。故有诗曰:"万里悲秋常作客,百年多病独登台。艰难苦恨繁霜鬓,潦倒新停浊酒杯。"(杜甫《登高》)万里,地之远也;悲秋,时之惨凄也;作客,羁旅也;常作客,久旅也;百年,暮齿也;多病,衰疾也;台,高迥处也;独登台,无亲朋也。(罗大经《鹤林玉露》乙编卷十五)

桑之未落,其叶沃若。于嗟鸠兮,无食桑葚。
(桑树叶未落,其叶鲜也硕。叹息彼斑鸠,莫食此桑葚。)
于嗟女兮,无与士耽。士之耽兮,犹可说也。
(叹息好女子,莫恋彼士子。士子有所恋,尚可别情转。)
女之耽兮,不可说也。
(女子有所恋,海枯石也烂。)

桑之落矣,其黄而陨。自我徂尔,三岁食贫。
(桑叶渐凋落,枯黄任飘零。自我做你妻,三年受苦贫。)
淇水汤汤,渐车帷裳。女也不爽,士贰其行。
(淇水浩荡荡,湿我车帷帐。妻我无过失,男人却无良。)
士也罔极,二三其德。
(男人不端正,无恒不守德。)

(《诗·卫风·氓》)

"桑之未落,其叶沃若","桑之落矣,其黄而陨"。

(《诗·卫风·氓》)此何谓焉？

然人间有甚于此者。"嫁女与征夫，不如弃路旁。结发为妻子，席不暖君床。暮婚晨告别，无乃太匆忙。""妾身未分明，何以拜姑嫜。父母养我时，日夜令我藏。生女有所归，鸡狗亦得将。""自嗟贫家女，久致罗襦裳。罗襦不复施，对君洗红妆。仰视百鸟飞，大小必双翔。人事多错迕，与君永相望。"（杜甫《新婚别》）

"裳裳者华，其叶湑矣。我觏之子，我心写兮。"（《诗·小雅·裳裳者华》）此何谓焉？

"萋萋芳草忆王孙，柳外楼高空断魂。杜宇声声不忍闻。欲黄昏，雨打梨花深闭门。"（李煜《忆王孙》）失路之王孙，已无家可归也。"腰下宝玦青珊瑚，可怜王孙泣路隅。问之不肯道姓名，但道困苦乞为奴。"（杜甫《哀王孙》）

"倬彼云汉，昭回于天。王曰於乎，何辜今之人？"（《诗·大雅·云汉》）此何谓焉？

"向晚意不适，驱车登古原。夕阳无限好，只是近黄昏。"（李商隐《登乐游原》）弟见山河沮丧，天地低昂。雷霆震怒，江海凝光。对绛唇寂寞，空有芬芳；虽美人妙舞，徒增惋伤。感时抚事，叹人生似反掌；乐极复哀，况余姿映寒阳。剩有芳草萧瑟，月出东方。

（参见杜甫《观公孙大娘弟子舞剑器行》）

其人登山临水，彷徨山泽，不复见廊庙祠堂，惟只夕阳残红，碧云叠于故国之上。海天尽处，曰发鸠之山，其上多柘木。有鸟名曰精卫，衔西山之木石，以堙于东海。（参见《山海经》）

"何辜于天，我罪伊何。心之忧矣，云如之何。"（《诗·小雅·小弁》）此何谓焉？

"千年沧海上，精卫是吾魂。"（文天祥《自述》）此乃亡国之痛也。此中有勃勃英灵之气，令人肃然起敬。

贤弟可知"千年沧海上，精卫是吾魂"其人乎？其人"体貌丰伟，美晳如玉，秀眉而长目，顾盼烨然"。（《宋史·文天祥传》）其人及于死者不知其几矣！而死付之度外。悟立生也幸，而幸生也何所为？故请罪于先人之墓。誓曰：生无以救国难，死犹为厉鬼以击贼。赖天之灵，宗庙之福，修我戈矛，从王于师，以为前驱，雪九庙之耻，复祖宗之业，鞠躬尽力，死而后已。若返吾衣冠，重见日月，使旦夕得正丘首，复何憾哉！复何憾哉！（参见文天祥《〈指南录〉后序》）于大厦将倾一木难支之时，其人以无缚鸡之力，与暴龙之国相抗，为"留取丹心照汗青"（文天祥《过零丁洋》）一句诗，以身殉之，遂化为精卫。

愚弟知之矣。鬼神之事有不可以常理测者也。此精卫乃其诚其忠所化也。"孔曰成仁，孟曰取义。唯其义尽，所以仁至。读圣贤书，所学何事？而今而后，庶几无愧。"（宋丞相文天祥遗书，载《宋史·文天祥传》）

其人歌曰：

天地有正气，杂然赋流形。下则为河岳，上则为日星。于人曰浩然，沛乎塞苍冥。皇路当清夷，含和吐明庭。时穷节乃见，一一垂丹青。（文天祥《正气歌》）

有人应之而歌曰：

出不入兮往不反，平原忽兮路超远。（《九歌·国殇》）

有人和之歌曰：

曼余目以流观兮，冀一反之何时。鸟飞返故居兮，狐死必首丘。（屈原《九章·哀郢》）

"维桑与梓，必恭敬止。靡瞻匪父，靡依匪母。"（《诗·小雅·小弁》）此何谓焉？

精卫之魂魄归于先人陵墓也。

陟彼岵兮，瞻望父兮。父曰：嗟！予子行役，夙夜无已。

（登临彼山阜，远望我老父。似闻爹叹息：我儿在行役，早晚不得息。）

风

上慎旃哉！犹来无止！
（行事多谨慎！归来莫路迷！）

陟彼屺兮，瞻望母兮。母曰：嗟！予季行役，夙夜无寐。
（登临彼山冈，远望我老娘。似闻娘叹息：小儿在行役，早晚不得睡。）

上慎旃哉！犹来无弃！
（行事多谨慎！归来好团聚！）

陟彼冈兮，瞻望兄兮。兄曰：嗟！予弟行役，夙夜必偕。
（登临彼山坡，远望我老哥。似闻哥叹息：小弟在行役，早晚众相行。）

上慎旃哉！犹来无死！
（行事多谨慎！归来保性命！）

（《诗·魏风·陟岵》）

"曰归曰归，心亦忧止。忧心烈烈，载饥载渴。"（《诗·小雅·采薇》）此何谓焉？

"怅望千秋一洒泪，萧条异代不同时。"（杜甫《咏

173

怀古迹五首》其二）其人目睹盛衰无常，而生涯漂泊，故于高山之上兮，望我故乡；故乡不可见兮，永不能忘。悯己伤志，固君子亦所不免哉！

"不属于毛，不离于里。天之生我，我辰安在。"（《诗·小雅·小弁》）此何谓焉？

"前不见古人，后不见来者，念天地之悠悠，独怆然而涕下！"（陈子昂《登幽州台歌》）亡国之后，杀戮殆尽，其能全家生免者几希矣。"俯仰岁月之间，诸君皆埋骨青山，美人亦栖身黄土。河山邈矣，能不悲哉！"（余怀《板桥杂记》）弟虽幸存，然亦苟延残喘，惟恐与草木俱腐。而夜阑人静，无故痛哭，志常抑郁而沉于酒，而沉醉方醒，恶梦始觉。

"父母生我，胡俾我瘉？不自我先，不自我后。"（《诗·小雅·正月》）此何谓焉？

"衰兰送客咸阳道，天若有情天亦老。"（李贺《金铜仙人辞汉歌》）亡国之时，心魂俱裂，春愁不足为其愁也，秋怨不足为其怨也，生死不足为其悲也，牛鬼蛇神不足为其虚荒幻诞也，是故有铜人铅泪如洗。（李贺《金铜仙人辞汉歌序》：魏明帝青龙元年八月，诏宫官牵车西取汉孝武捧露盘仙人，欲立置前殿。宫官既拆盘，仙人临载，乃潸然泪下。）

"陟彼岨矣,我马瘏矣。我仆痡矣,云何吁矣。"(《诗·周南·卷耳》)此何谓焉?

"采菊东篱下,悠然见南山。山气日夕佳,飞鸟相与还。此中有真意,欲辨已忘言。"(陶渊明《饮酒诗》第五首)飞鸟盘旋,依依而归,巍峨南山,亘古已然。顷刻间悠然心会:万物生息,有类有序。

贤弟可知"采菊东篱下,悠然见南山"其人乎?其人"闲静少言,不慕荣利。好读书,不求甚解;每有会意,便欣然忘食。性嗜酒,家贫,不能常得,亲旧知其如此,或置酒而招之。造饮辄尽,期在必醉。既醉而退,曾不吝情去留。环堵萧然,不蔽风日;短褐穿结,箪瓢屡空,晏如也!常著文章自娱,颇示己志。忘怀得失,以此自终"。(陶渊明《五柳先生传》)

仁兄,愚弟家在田园,故恋恋于土地草舍、柳树桃李、村落炊烟、狗吠鸡鸣、菊花竹篱、归鸟夕阳。弟欲归隐山林,故此"请息交以绝游"。(陶渊明《归去来兮辞》)

"敦弓既坚,四镞既钧。舍矢既均,序宾以贤。"(《诗·大雅·行苇》)当年贤弟以匹夫担天下兴亡之责,以处士横议人物裁量执政,故乃激扬名声,世人遂以国士目之。然则天下有道则至,无道则隐。贤弟生此

"故园心",其魂梦所系,实乃思旧游之地,凋零友朋。吾恐我弟漫漫长夜寂寞凄凉,将如之何也?

"渔翁夜傍西岩宿,晓汲清湘燃楚竹。烟销日出不见人,欸乃一声山水绿。"(柳宗元《渔翁》)愚弟曩昔漫游天下,日夕沉饮,放浪不羁,千金散尽,如今身心俱疲矣。家园有枫林烟雨,鸟鸣猿吟,可停桡听曲,当如云山韶音也。

贤弟可知"欸乃一声山水绿"其人乎?其人言:本之《书》以求其质,本之《诗》以求其恒,本之《礼》以求其宜,本之《春秋》以求其断,本之《易》以求其动,此取道之原也。参之《谷梁氏》以厉其气,参之《荀》、《孟》以畅其支,参之《庄》、《老》以肆其端,参之《国语》以博其趣,参之《离骚》以致其幽,参之太史公以著其洁,此旁推交通而以为之文也。(参见柳宗元《答韦中立论师道书》)然观其"千山鸟飞绝,万径人踪灭。孤舟蓑笠翁,独钓寒江雪",(柳宗元《江雪》)其志苦亦可知也。其人殁后,欸乃不复其声而山水不复其绿也。(刘禹锡《伤愚溪诗序》:柳子厚殁三年,有僧游零陵,告余曰:"愚溪无复曩时矣。")

"昔我往矣,杨柳依依;今我来思,雨雪霏霏。"(《诗·小雅·采薇》)此何谓哉?

风

"永忆江湖归白发,欲回天地入扁舟。"(李商隐《安定城楼》)此乃失意而不可解之言也。天下无道,大伪斯兴,家国已丧,身如飘萍;而世人蝇营狗苟,竞逐荣利。怀正志道之士,洁己清操之人,安可与此同流合污?弟济世之志难遂,愧对平生之志,怵惕久之。道途恍惚,故云:"望云惭高鸟,临水愧游鱼。"(陶渊明《京口》)

"鸡栖于埘,日之夕矣,羊牛下来。君子于役,如之何勿思!"(《诗·王风·君子于役》)此何谓焉?

"园田日梦想,安得久离析。"(陶渊明《乙巳岁三月为建威参军使都经钱溪》)此地桃花林,中无杂树,芳草鲜美,落英缤纷。往昔贤者避乱世而居,来径湮灭,不复外世所知。居民务农耕,出入行所憩。桑竹垂余荫,黍稷随时艺。春蚕收长丝,秋熟靡王税。荒路暧交通,鸡犬互鸣吠。怡然有余乐,于何劳智慧。(参见陶渊明《桃花源记》、《桃花源诗》)

凯风自南,吹彼棘心。棘心夭夭,母氏劬劳。
(和风吹自南,吹拂丛树心。树心初发条,母亲实辛劳。)

凯风自南,吹彼棘薪。母氏圣善,我无令人。

（和风吹自南，吹拂树枝条。母亲哲且善，我实难回报。）

爰有寒泉？在浚之下。有子七人，母氏劳苦。
（何处有寒泉？其在浚城下。儿子有七人，母亲劳苦煞。）

睍睆黄鸟，载好其音。有子七人，莫慰母心。
（宛转鸣黄鸟，悠悠载好音。儿子有七人，未能慰母心。）

（《诗·邶风·凯风》）

"陟彼岵兮，瞻望母兮。母曰：嗟予季，行役夙夜无寐，上慎旃哉！犹来无弃！"（《诗·魏风·陟岵》）此何谓焉？

"远望使心思，游子恋所生。凯风吹长棘，夭夭枝叶倾。黄鸟鸣相追，咬咬弄好音。伫立望西河，泣下沾罗缨。"（《乐府诗集·长歌行》。原文有改动）其人在旅途，万水千山远眺故园，思慈母心惊而泣下。

"绵绵葛藟，在河之涘。终远兄弟，谓他人母。谓他人母，亦莫我有！"（《诗·王风·葛藟》）此何谓焉？

"爱子心无尽，归家喜及辰。寒衣针线密，家信墨痕新。见面怜清瘦，呼儿问苦辛。低徊愧人子，不敢叹风尘。"（蒋士铨《岁暮到家》）其人心力交瘁，千里归

风

家,而徒令慈母日日悬心夜夜饮泣,其人岂不忠不孝之人耶?

"蓼蓼者莪,匪莪伊蒿。哀哀父母,生我劬劳。"(《诗·小雅·蓼莪》)此何谓焉?

"《蓼莪》谁所兴,念之令人老。"(曹植《灵芝篇》)其人母亲畏雷,母没,每雷,辄到墓曰:"儿在此。"(参见《晋书·王裒传》)其人非至纯至孝之人乎?(王国维《人间词话》第十六节:词人者,不失其赤子之心者也。)

实则一切言语皆属于诗,真有至诚恻怛之怀,发之于言,自是感人。慈母之爱子,不学而能歌,赤子之于母,闻声而相喻,几以真情感通之故。(马一浮《蠲戏斋诗话》卷一)

　　常棣之华,鄂不韡韡。凡今之人,莫如兄弟。
　　(常棣有其花,其花灿其美。凡今天下人,莫亲如兄弟。)

　　死丧之威,兄弟孔怀。原隰裒矣,兄弟求矣。
　　(或有死丧险,兄弟心如煎。积尸聚于野,兄弟搜寻切。)

　　脊令在原,兄弟急难。每有良朋,况也永叹。
　　(鹡鸰困平原,兄弟救急难。虽然有良朋,无奈徒长叹。)

179

兄弟阋于墙，外御其务。每有良朋，烝也无戎。
（兄弟虽反目，同心御外侮。虽然有良朋，遇难亦无助。）

丧乱既平，既安且宁。虽有兄弟，不如友生？
（丧乱即已平，生活复安宁。此时有兄弟，不如朋友情？）

傧尔笾豆，饮酒之饫。兄弟既具，和乐且孺。
（杯盏供佳肴，宴饮何丰饶。兄弟即相聚，相乐又相亲。）

妻子好合，如鼓瑟琴。兄弟既翕，和乐且湛。
（妻子情意合，恰如鼓瑟琴。兄弟此相会，其乐深复亲。）

宜尔室家，乐尔妻帑。是究是图，亶其然乎？
（全家长相守，妻儿乐相酬。三思此事理，岂非信然久？）

（《诗·小雅·常棣》）

"常棣之华，鄂不韡韡。凡今之人，莫如兄弟。"（《诗·小雅·常棣》）此何谓焉？

"戍鼓断人行，边雁一秋声。露从今夜白，月是故乡明。有弟皆分散，无家问死生。寄书常不达，况乃未休兵。"（杜甫《月夜忆舍弟》）其人歌曰：有弟有弟在远方,兄弟瘦弱身不强。生别展转不相见,胡尘暗天道路长。天各一方增忧念,安得送我置汝旁。呜呼何时兮归故土,汝归何处收兄骨。(参见杜甫《乾元中寓居同谷县作歌七首》之三)

"绿兮衣兮,绿衣黄裳。心之忧矣,曷维其亡!"(《诗·邶风·绿衣》)此何谓焉?

"香雾云鬟湿,清辉玉臂寒。何时倚虚幌,双照泪痕干?"(杜甫《月夜》)此穷困、衰病、奔走、逃难、乱离时思家人之团聚也。"曾经沧海难为水,除却巫山不是云。取次花丛懒回顾,半缘修道半缘君!"(元稹《离思五首》之四)此相依为命相濡以沫之悼亡也。

"瞻彼日月,悠悠我思。道之云远,曷云能来?"(《诗·邶风·雄雉》)此何谓焉?

"凉风起天末,君子意如何?鸿雁几时到?江湖秋水多。文章憎命达,魑魅喜人过。应共冤魂语,投诗赠汨罗。"(杜甫《天末怀李白》)其有故人,"笔落惊风雨,诗成泣鬼神","敏捷诗千首,飘零酒一杯",其诗也无敌,其思也不群,其清新也俊逸。忆昔论交酒垆,气酣登台,怀古平芜,长啸凭空。乱离后友朋凋零,存殁暌违,不知斯人憔悴。流落何方,于是三夜频梦,朝夕悬想,"落月满屋梁,犹疑照颜色",乃至于"临餐吐更食，常恐违抚孤"。诸如此类，不能自已。（参见杜甫《遣怀》、《寄李十二白二十韵》、《春日忆李白》、《不见》、《梦李白二首》）

"北风其凉，雨雪其雱。惠而好我，携手同行。其虚其邪，既亟只且。"（《诗·邶风·北风》）此何谓焉？

"君问归期未有期，巴山夜雨涨秋池。何当共剪西窗烛，却话巴山夜雨时。"（李商隐《夜雨寄北》）秋暮天寒，风凄木落，友人谪迁羁旅，流离苦辛，惆怅兮而心自惊。其晨夕风浪，可得安渡否？纵使放归，老病可识乡路乎？人命危浅，此生可得保全欤？呼号傍孤城，岁月谁与度耶？平生一杯酒，何时得见故人也？相望无所成，乾坤或可回互哉？（参见杜甫《有怀台州郑十八司户》）

"彼泽之陂，有蒲与荷。有美一人，伤之如何。"（《诗·陈风·泽陂》）此何谓哉？

绝代有佳人，幽居在空谷。自云良家子，零落依草木。家园昔丧败，家人遭杀戮。世情恶衰歇，万事随转烛。在山泉水清，出山泉水浊。侍婢卖珠回，牵萝补茅屋。摘花不插发，采柏动盈掬。天寒翠袖薄，日暮倚修竹。（参见杜甫《佳人》）

"夜如何其？夜未央。庭燎之光，君子至止，鸾声将将。"(《诗·小雅·庭燎》)此何谓焉?

其人"一饭未尝忘君"也。(苏轼《王定国诗集叙》)"天子多恩泽,苍生转寂寥。"(杜甫《奉赠卢五丈参谋(琚)》)于万方多难之时,其人痛感"胡命岂能久,皇纲未宜绝",(杜甫《北征》)"兵革自久远,兴衰看帝王",(杜甫《入衡州》)"周宣中兴望我皇,洒泪江汉身衰疾",(杜甫《忆昔二首》之二)望天子"一朝自罪己","朝野欢呼同",(杜甫《往在》)"再光中兴业,一洗苍生忧",(杜甫《凤凰台》)"庙堂知至理,风俗尽还淳",(杜甫《上韦左相二十韵》)以达致太平盛世。

苕之华,芸其黄矣。心之忧矣,维其伤矣!
(紫葳之花,一片金灿黄。心中有所忧,何其悲且伤!)

苕之华,其叶青青。知我如此,不如无生!
(紫葳之花,其叶也青青。已知我如此,何如无此生!)

牂羊坟首,三星在罶。人可以食,鲜可以饱!
(羊瘦硕其首,三星映鱼篓。画饼怎充饥,或可得饱否?)

(《诗·小雅·苕之华》)

"何有何亡，黾勉求之。凡民有丧，匍匐求之。"（《诗·邶风·谷风》）此何谓焉？

"长太息以掩涕兮，哀民生之多艰。"（《离骚》）百姓流离失所，鬻男卖女，寡妇悲哭，弱女饥啼，充兵之瘦男，（杜甫《新安吏》）逃兵之老翁，应役之老妪，（杜甫《石壕吏》）夫君赴死地之新嫁娘，（杜甫《新婚别》）无家可别之老兵丁，（杜甫《垂老别》）战场冤魂，（杜甫《去秋行》）成河流血，（杜甫《悲陈陶》《悲青坂》）"路有冻死骨"，（杜甫《自京赴奉先县咏怀五百字》）"乾坤含疮痍"，（杜甫《北征》）其人无不忧之甚矣继之以哀，哀之甚矣继之以悲，悲之甚矣则肝肠如煎，遂成"少陵野老吞声哭"，（杜甫《哀江头》）其中均血泪也。

"假寐永叹，维忧用老。心之忧矣，疢如疾首。"（《诗·小雅·小弁》）贤弟其心，非在"不知有汉，无论魏晋"之桃花源也，念念皆怀人悯时伤世哀生也，父母友朋兄弟儿女天下黎民，未尝一刻忘之。古来避世，实未有相属者也。"十亩之间兮，桑者闲闲兮，行与子还兮"，（《诗·魏风·十亩之间》）岂非有别解哉？

"结庐在人境，而无车马喧。"（陶渊明《饮酒》）弟赋归田里，隐居躬耕，与众鸟相托，与白鸥为伴，只问耕耘，不问收获，园田草庐，悠游岁月也。（参见陶

渊明《桃源诗序》)

"虽无旨酒,式饮庶几;虽无嘉肴,式食庶几。虽无德与女,式歌且舞。"(《诗·小雅·车舝》)可谓此情此景哉?

"盘飧市远无兼味,樽酒家贫只旧醅。"(杜甫《客至》)比年战乱不断,频遇水旱风虫回禄之灾,不免饥寒,衣食无继。虽依稼穑,戮力农作,而气力渐衰,转觉日不如人,至此垂老,始知农作之苦。弟虽谨守固穷之节,然贫窭之状,以至不以乞食为耻。"饥来驱我去,不知竟何之;行行至斯里,叩门拙言辞。主人解余意,遗赠岂虚来。谈谐终日夕,觞至辄倾杯;情欣新知欢,言咏遂赋诗。感子漂母惠,愧我非韩才。衔戢知何谢,冥报以相贻。"(陶渊明《乞食》)家无余粮,况复无酒,当年高朋满座意气风发之乐,如同梦寐矣。"甚矣吾衰矣。怅平生,交游零落,只今余几。"(辛弃疾《贺新郎》)

"习习谷风,以阴以雨。黾勉同心,不宜有怒。"(《诗·邶风·谷风》)贤弟有此桃花源,与其山川草木,皆因诗以为不朽之传,盖人之不幸,而其山川草木之幸也。

"我生之初,尚无为;我生之后,逢此百罹。"

(《诗·王风·兔爰》)愚生也晚,其时宇内尚称乂安。后游学江海,追随先师,得知千载以上,尚有大同之世。而身逢末代,江山陵替。弟如草向风,随世俯仰,无非苟活而已。追忆似水流年,抚念平生,皆无可如何,惟以"纵浪大化中,不喜亦不惧"自慰而已。(陶渊明《形影神诗》)

"如月之恒,如日之升;如南山之寿,不骞不崩;如松柏之茂,无不尔或承。"(《诗·小雅·天保》)当年你我为先师守墓,而心丧至今,其德音未远,未敢怠忘,神理绵绵,不与气运俱尽也!

"历览千载书,时时见遗烈。高操非所攀,谬得固穷节。"(陶渊明《癸卯岁十二月中作与从弟敬远》)平生所念,惟不敢负先师耳。世路多歧,良可哀悯。古语云:"天道无亲,常与善人",然天道幽远,鬼神茫昧,弟或有疑焉。弟惟谨守先师遗训,虽经年长贫,终日抱饥,全赖前贤风范得以全身苟活,守道独行。(陶渊明《咏贫士》其二:何以慰吾怀,赖古多此贤。)个人穷通死生固不足虑,但抚我深怀而践此末运,能不慨然而增愤激焉!

"鱼在于沼,亦匪克乐。潜虽伏矣,亦孔之炤。"(《诗·小雅·正月》)此事古今同慨,少年子弟江湖老矣。然有百代睥睨之诗,千秋不朽之名,诗穷而后工,诚不虚也。"桃之夭夭，其叶蓁蓁。之子于归，宜其家人"，(《诗·周南·桃夭》)或有春华秋实之深意存焉？

"凌云一笑见桃花，三十年来始到家。从此春风春雨后，乱随流水到天涯。"(黄庭坚《题王居士所藏王友画桃杏花二首》之二)弟病患以来，渐就衰损；药石罔效，自恐大分将有限也。今夕何夕，岁在何时？以此言与仁兄永诀矣。"天寒夜长，风气萧索。鸿雁于征，草木黄落。鄙人将辞逆旅之馆，永归于本宅。人生如斯，奚所复恋！余今斯化，可以无恨。可葬之中野，以安其魂；窅窅我行，萧萧墓门。不封不树，日月遂过。匪贵前誉，孰重后歌。人生实难，死如之何！呜呼哀哉！"(参见陶渊明《自祭文》)

"众里寻他千百度，蓦然回首，那人却在，灯火阑珊处。"(辛弃疾《青玉案·元夕》)其人直入三百篇之神理意境，故其诗寄托遥深，直抒真情，纯任天机，言有尽而意无穷也。"诗非他，人之性灵之所寄也。苟其感不至，则情不深，情不深则无以惊心而动魄，垂世而行远。"(焦竑《雅娱阁集序》)一言以蔽之，其人实乃为情死耳！

此人生之第三境也。(参见王国维《人间词话》第二十六节)此境可藏之名山，俟后世圣人君子。其或慷慨激昂，或怪诞飘忽，或奇崛突兀，或绵丽瞻富，或英迈挺拔，或清雅凄迷，或抑扬顿挫，或温柔敦厚，其千姿百态，均从忧患中来，为历尽千辛万苦之心声，岂有悔哉?!此可为君子道，难为俗人言也。千百世后，若有解人，以心传心，其人九泉之下亦当忻然而笑。

葛生蒙楚，蔹蔓于野。予美亡此，谁与独处？
（葛藤生荆树，蔹草蔓野土。我爱葬于此，其谁共相处？）

葛生蒙棘，蔹蔓于域。予美亡此，谁与独息？
（葛藤生丛棘，蔹草蔓坟地。我爱葬于此，其谁共休憩？）

角枕粲兮，锦衾烂兮。予美亡此，谁与独旦？
（角枕光灿烂，锦被色烂漫。我爱葬于此，其谁共晨旦？）

夏之日，冬之夜。百岁之后，归于其居。
（夏之长日，冬之长夜。百年以后，归于其所居。）

冬之夜，夏之日。百岁之后，归于其室。
（冬之长夜，夏之长日。百年以后，归于其家室。）

（《诗·唐风·葛生》）

风

其人一生，中有天地元气，其诗篇"光焰万丈，但使文字不灭，精气亦长存人间。读者有以得其用心，斯与古人把手同行，无间今昔"。（马一浮《蠲戏斋诗话》卷二）

有人入坐灵床之上，取琴而弹，弦既不调，乃知人琴俱亡，故歌曰：
上邪！
我欲与君相知，长命无绝衰。
山无陵，江水为竭，冬雷震震，
夏雨雪，天地合，
乃敢与君绝。

（《铙歌十八曲·上邪》）

图书在版编目（CIP）数据

颂·雅·风：中国文化精神之本源/徐迅著.--2版.--北京：北京联合出版公司，2017.5
ISBN 978-7-5596-0361-6

Ⅰ.①颂… Ⅱ.①徐… Ⅲ.①中华文化—研究 Ⅳ.
①K203

中国版本图书馆CIP数据核字(2017)第107478号

颂·雅·风：中国文化精神之本源

著　　者：徐　迅　　　　选题策划：后浪出版公司
出版统筹：吴兴元　　　　编辑统筹：梅天明
特约编辑：黄杏莹　　　　责任编辑：肖　桓
营销推广：ONEBOOK　　　装帧制造：墨白空间·王斑

北京联合出版公司出版
（北京市西城区德外大街83号楼9层　100088）
北京京都六环印刷厂印刷　新华书店经销
字数87千字　889毫米×1194毫米　1/32　6.25印张
2017年7月第2版　2017年7月第1次印刷
ISBN 978-7-5596-0361-6
定价：32.00元

后浪出版咨询(北京)有限责任公司常年法律顾问：北京大成律师事务所　周天晖 copyright@hinabook.com
未经许可，不得以任何方式复制或抄袭本书部分或全部内容
版权所有，侵权必究
本书若有质量问题，请与本公司图书销售中心联系调换。电话：010-64010019